城市生活质量、人力资本与地区发展差距

张聪聪 | 著

中国社会科学出版社

图书在版编目（CIP）数据

城市生活质量、人力资本与地区发展差距／张聪聪著. -- 北京：中国社会科学出版社，2025.5. -- ISBN 978-7-5227-4670-8

Ⅰ.D669.3；F249.21

中国国家版本馆CIP数据核字第2025E1T553号

出 版 人	季为民	
责任编辑	戴玉龙	
责任校对	周晓东	
责任印制	郝美娜	

出　　版	中国社会科学出版社	
社　　址	北京鼓楼西大街甲158号	
邮　　编	100720	
网　　址	http://www.csspw.cn	
发 行 部	010-84083685	
门 市 部	010-84029450	
经　　销	新华书店及其他书店	
印　　刷	北京明恒达印务有限公司	
装　　订	廊坊市广阳区广增装订厂	
版　　次	2025年5月第1版	
印　　次	2025年5月第1次印刷	
开　　本	710×1000　1/16	
印　　张	12	
字　　数	168千字	
定　　价	128.00元	

凡购买中国社会科学出版社图书，如有质量问题请与本社营销中心联系调换
电话：010-84083683
版权所有　侵权必究

前　言

地区发展差距及地方保护的存在，一定程度上将国内大市场分割为区域性局部市场，极大地阻碍了我国整体市场规模优势的发挥。畅通国内经济大循环，发挥国内市场规模优势，需要率先缓解地区发展差距，释放内需增长潜力。本书基于城市生活质量的研究视角，分析地区发展差距这一区域经济学研究的重大现实问题，建立了"城市生活质量→人力资本→地区发展差距"的研究逻辑。在分析城市生活质量、人力资本与地区发展差距特征事实的基础上，首先，以人力资本为机制路径，构建了城市生活质量影响地区发展差距的理论框架。其次，分别实证检验了城市生活质量对人力资本、人力资本对地区发展差距的影响效应，并基于人力资本视角对城市生活质量与地区发展差距之间的影响机制予以量化识别。

本书研究发现：（1）城市生活质量影响人力资本的效应机制主要包括三大效应：个人区位选择的直接效应、企业区位选择的间接效应以及城市生活质量与人力资本之间的循环累积因果效应。三个效应均会对人力资本集聚产生促进作用，因此，城市生活质量的提高有利于提升城市人力资本水平。（2）人力资本对地区发展差距的影响机理主要包括异质型人力资本、人力资本投入要素、人力资本外部性和人力资本空间溢出效应四条路径。在四条路径下，人力资本对地区发展差距的作用方向并不相同，导致人力资本对地区发展差距影响的总效应具有不确定性。区分初期人力资本禀赋发现，当初期人力资本禀赋较低时，人力资本的提升有利于缩小地区发展差距；当初期人力资本禀赋较高时，人力资本的提升对地区发展差距的影响效应尚不明确。（3）人力资本是城市生活质量影响地区发展差距的重要机制路径。人力资本作为城市生活质量影响地区发展差距的连接桥梁，一方面，人力资本在新时期地区发展差距的缓解中发挥着重要作用；另一方面，人力资本的集聚又需要依靠城市生活质量的提升来驱动。

本书的实证检验得出如下结论：（1）城市生活质量的提高有利于促进人力资本总量及人均人力资本水平的提升。相关异质性分析结果表明，相对于初始生活质量较高的东部沿海地区，内陆与中部地区城市生活质量的提高更有利于促进城市人力资本水平的提升。（2）人力资本对地区发展差距的影响效应因人力资本初始禀赋的大小而异。相对于初始发展水平较高和人力资本禀赋较强的东部沿海地区，广大的内陆与中西部地区更容易通过人力资本的提升来缓解地区发展差距。其中，中部地区的城市通过人力资本水平的提升减小与前沿发达地区发展差距的效应最大。由于西部地区发展基础比较弱，使西部地区的城市通过人力资本提升路径暂时难以缩小与前沿发达地区的发展差距。但是，西部地区通过人力资本水平的提升却可以极大地减小地区内部的发展差距。对于广大中西部地区，寻求有效的人力资本提升政策是中西部地区实现与东部地区协调发展的关键举措。（3）人力资本路径下城市生活质量对地区发展差距的机制检验结果为解决我国地区发展差距提供了有效的路径：城市生活质量→提升城市人力资本→缩小地区发展差距。城市生活质量的提升有利于缓解城市与前沿发达城市的发展差距，并且人力资本是城市生活质量影响地区发展差距的有效路径。

本书的创新之处：第一，从城市生活质量视角，以人力资本为机制桥梁，构建了城市生活质量、人力资本与地区发展差距的研究框架；第二，运用 NPP-VIIRS 夜间灯光数据构建"类县级行政单元"，测度城市内部发展差距，将区域差距的空间维度聚焦到城市层面的基础上，进一步区分了城市内部差距与城市间差距，力争将区域差距研究推向更细微的层面；第三，基于城市生活质量的量化数据，创新性分析城市生活质量对人力资本集聚的影响效应，丰富了人力资本区域选择动力机制研究。

目　录

第一章　绪论 …………………………………………………… 1
　　第一节　研究背景与研究意义 ………………………………… 1
　　第二节　研究思路与研究内容 ………………………………… 8
　　第三节　研究方法与创新点 …………………………………… 13

第二章　理论基础与文献综述 ………………………………… 16
　　第一节　理论基础 ……………………………………………… 16
　　第二节　相关文献综述 ………………………………………… 29
　　第三节　相关研究评述 ………………………………………… 42

第三章　城市生活质量、人力资本与地区发展差距特征事实 …… 45
　　第一节　城市生活质量的测度及评价 ………………………… 45
　　第二节　我国城市人力资本的测度及其特征事实 …………… 56
　　第三节　地区发展差距的测度及其演变特征 ………………… 66
　　第四节　本章小结 ……………………………………………… 77

第四章　城市生活质量、人力资本与地区发展差距的理论机理 …… 81
　　第一节　城市生活质量对人力资本的影响机理 ……………… 81
　　第二节　人力资本对地区发展差距的影响机理 ……………… 90
　　第三节　人力资本路径下城市生活质量对地区发展差距的

　　　　　影响机理 ·· 100
　　第四节　本章小结 ·· 104

第五章　城市生活质量对人力资本影响效应的实证分析 ········ 107
　　第一节　模型设计与数据来源 ··································· 107
　　第二节　城市生活质量对人力资本的影响效应估计 ········· 111
　　第三节　城市生活质量对人力资本影响的异质性分析 ····· 116
　　第四节　本章小结 ·· 122

第六章　人力资本对地区发展差距影响效应的实证分析 ········ 124
　　第一节　模型设计与数据来源 ··································· 125
　　第二节　人力资本对地区发展差距的影响效应估计 ········· 129
　　第三节　人力资本对地区发展差距影响的异质性分析 ····· 135
　　第四节　城市生活质量与地区发展差距：基于人力资本
　　　　　机制的分析 ··· 141
　　第五节　本章小结 ·· 147

第七章　研究结论与政策启示 ·· 150
　　第一节　主要结论 ·· 150
　　第二节　政策启示 ·· 153
　　第三节　研究展望 ·· 155

参考文献 ·· 157

附　　录 ·· 173

后　　记 ·· 184

第一章 绪论

本书聚焦于地区发展差距这一区域经济学研究的重大现实问题，探寻不同的经济增长时期地区发展差距主要影响因素的变化。我国经济已经从高速增长阶段转向高质量发展阶段，经济高质量发展阶段人力资本对地区经济增长与地区发展差距影响的重要性越发凸显。有效解决地区发展差距问题，不仅需要考虑人力资本对地区发展差距的影响，还需要进一步分析影响人力资本集聚的主要因素。近年来兴起的城市便捷性与城市生活质量理论提出，城市生活质量是影响人力资本集聚的关键性因素。基于此，提出"城市生活质量、人力资本与地区发展差距"的研究主题。本章首先介绍了本书的研究背景与研究意义。其次，阐明了本书"问题提出→文献梳理→指标测度与特征事实研究→理论机理构建→实证检验→结论启示"的研究思路。最后，介绍了本书的研究方法与主要创新点。

第一节 研究背景与研究意义

"十四五"时期，通过深入实施区域重大战略，持续推进区域协调发展战略，着力构建优势互补高质量发展的区域经济布局，把我国的区域协调发展推上更高的水平。实现高质量的区域协调发展必须面对地区发展差距的问题，并且2020年以来，国际与国内环境发生大的变化，我国经济发展也随之发生转变，开启了以国内大循环为主体、国内国际双循环相互促进的新发展格局。作为世界第二大经济体，我国拥有相对完备的制造业体系与庞大的国内消费市场，这是我国大国经济所具有的内部可循环发展优势，但由于地区发展差距与地方保护的存在，一定程度上将我国的大市场分割为区域性的局部市场，极大地阻碍了我国整体市场规模优势的发挥。畅通国内经济大循环，发挥国内市场规模优势，需要率先缓解地区发展差距，释放内需增长潜力。本节首先从地区发展差距制约经济高质量发展、人力资本对地区发展差距的影响以及城市生活质量对人力资本集聚的影响三个方面介绍城市生活质量、人力资本与地区发展差距的研究背景。其次，提出本书的理论与现实研究价值。

一　研究背景

"十四五"时期，我国经济步入高质量发展阶段，对区域协调发展提出了新的要求。推动区域协调发展，缓解地区发展差距已经成为推动经济高质量发展的一大重要任务。实现区域高质量协调发展的关键是缓解区域发展差距，但是，又不能简单要求各地区实现经济发展水平的同步，而是要根据各地区发展比较优势，实现区域分工协作；既要突出区域经济增长极的带动作用，又要重视外围地区比较优势的发挥，要在高质量的发展中促进相对的平衡。本书的研究背景主要包括地区差距现实问题给高质量发展带来的影响、人力资本对地区发展差距的影响作用以及城市生活质量对人力资本集聚的影响三个方面。

（一）地区发展差距严重制约着经济高质量发展

在国内外环境大变局下，我国经济发展形成国内大循环为主体，国内国际双循环相互促进的新格局，将进一步激发国内市场增长潜能，为区域经济发展带来新的机遇与挑战。一方面，我国作为世界第二大经济体，拥有相对完备的制造业体系与庞大的国内消费市场，这是我国大国经济所具有的内部可循环发展优势。区域经济作为国内经济发展的空间载体，在内循环为主体的发展格局下，各个区域主体将迎来重要的发展机遇。另一方面，我国现存区域之间发展的不协调与地区发展差距现状，极大地阻碍了国内市场规模与效率优势的有效发挥。随着我国区域协调战略的实施，东西区域差距已经得到一定程度的缓解，我国总体地区发展差距中区域间差距占比从2004年的38.6%下降到2018年的28.1%，但与此同时，南北区域差距开始显现，2018年南北经济总量差距较2013年翻了一倍多。地区发展差距问题始终制约着国家高质量发展的大局和区域协调发展的有效推进。以缓解区域差距为主线的区域协调发展是未来中国区域经济发展的关键着力点和基本方向。"十四五"时期实现经济高质量发展，畅通国内大循环，充分发挥国内超大规模市场优势，释放国内市场消费潜力，必须率先破除我国区域分割现状，缓解地区发展差距。

（二）人力资本对地区发展差距的影响效应日益凸显

推动高质量发展，缓解地区发展差距，人才是第一资源，创新是第一动力。人力资本正在成为高质量发展阶段地区发展差距的核心影响因素。随着经济发展阶段的不同，区域差距的主要影响因素经历了资源禀赋、地理因素、交通基础设施水平、FDI以及政策制度等因素的阶段性转变。蔡昉和都阳（2000）发现人力资本是地区经济差异的主要原因之一。2018年，全国81%的人力资本都集聚在北京、深圳、上海、广州与东莞五大城市，而这五大城市正好是经济发展水平较高的城市。随着经济迈向高质量发展阶段，人力资本作为知识和技能的载体对区域发展差距的影响变得越发重要。一方面，高质量增长阶段需要转换增长动力，摆脱传统的经济增长模式，提高全要素生产率，坚持质量第一、效率优先。而高效率的增长模式又需要有相对应的高水平人力资本与之相配套，这意味着注重人力资本的提升，是实现高质量发展的首要前提。另一方面，高质量发展阶段，随着科技水平与网络技术的迭代升级，各类经济新业态不断涌现，人力资本集聚带来的外部性所能覆盖的空间距离将获得极大的提升，导致人力资本在服务于区域高质量发展的同时也会不断显现出对于区域差距的影响。人力资本是实现区域经济高质量协调发展的重要决定因素。

（三）城市生活质量正在成为人力资本集聚的重要原因

我国正处在城市化发展的加速阶段，"十四五"时期，全球化及区域经济高质量发展对我国城市发展的影响将更加显著。经济全球化与市场一体化的推进，各城市为争夺人才、资源与技术进行激烈的竞争。区域经济迈向高质量发展阶段，将会更加关注个人生活质量，体现以人为本的理念正在成为我国经济社会发展的重要方向之一。随着经济发展水平的提升，科技与技术带来贸易品运输成本的大幅度下降以及后工业化时代的来临，企业的选址和要素的空间流动渐渐的摆脱传统对可贸易性产品的依赖，开始受到本地生活质量等地区特有环境因素的影响。特别是对于具有一定经济实力的人力资本，对美好生活的需求可能已经超越对单纯高收入的追求。无论是国际大都市，还是我国的北京、上海、广州、深圳等一线城市，人力资本大量集聚的城市往往都是具有较好生活便捷性与较高生活质量的城市。个人需求特点是随着社会发展阶段不断变化的，随着社会发展质量的提升以及人们收入水平的提高，人们从追求基本的生活需求转变为关注生活品质的提高。高质量经济发展阶段，城市生活质量对个人区位选择的影响效应将变得越来越重要。而区别于一般个体，拥有一定技能水平的人力资本不仅对高品质城市生活质量的需求更大，相对而言人力资本也更能够承受高城市生活质量附带的高生活成本，因此城市生活质量的提升对于人力资本的集聚效应变得越来越重要。未来城市想要实现高质量发展，需要依靠人力资本的贡献，而想要促进人力资本水平的提升，则要求城市结合自身特色，重视对城市生活质量的改善。

二　研究意义

本书的研究意义分为理论意义与现实意义两个层面。其中，理论研究意义主要包括：（1）以人力资本为连接桥梁，构建了城市生活质量影响地区发展差距的理论分析框架；（2）提供了现实可行的城市生活质量测度理论与方法；（3）从城市生活质量的视角重新探索了人力资本集聚的动力机制。现实研究意义，一方面为缓解地区发展差距,实现高质量区域协调发展提供了新的政策方向;另一方面,城市生活质量的研究为城市引才政策提供了现实指导。

(一)理论意义

以人力资本为连接桥梁,构建了城市生活质量影响地区发展差距的理论框架。我国现有区域经济研究的空间维度主要侧重于四大板块与省级层面的分析,本书选择将地区发展差距的空间维度推向城市层面,并从城市生活质量的新视角,以人力资本为中介机制,构建地区发展差距分析的理论框架。高质量经济发展阶段,人力资本对区域经济发展与区域差距的影响作用越发凸显。而随着经济发展水平的提升,人们对美好生活的需求日益强烈,个人特别是人力资本在区位选择中对城市生活质量的需求也在不断提高。城市生活质量正在成为人力资本集聚动力的关键因素。因此,选择以人力资本为切入点,可以有效地建立起城市生活质量与地区发展差距之间的连接桥梁,构建城市生活质量→人力资本→地区发展差距的逻辑脉络,为地区发展差距的研究提供新的理论框架。

基于空间一般均衡理论模型,为我国城市生活质量的测度提供了现实有效的测度方法。Albouy(2009)基于空间一般均衡理论建立了城市生活质量与城市工资和城市房价的理论联系,为城市生活质量的客观量化提供了理论基础。但具体的测度受到城市个体微观数据可得性的限制,仅完成了对个别年份的城市生活质量的测度。国内对城市生活质量量化的研究也主要是基于主观满意度评价等综合评价指标来进行主观打分。为了实现对我国历年城市生活质量的客观量化,本书在Albouy(2009)研究的基础上借鉴南开大学中国区域经济应用实验室(China REAL)城市发展指数体系中城市生活质量指数的构造方法,将城市工资与房价的变化率简化表述为相应变量单个城市均价对所有城市均价的变化率,为我国城市生活质量的有效测度提供了现实可行的测度理论与方法。

突破现有研究中对人力资本集聚动力分析的不足,从城市生活质量的视角重新探索了人力资本集聚的动力机制。自新经济增长理论将人力资本因素纳入经济增长的分析框架中以来，人力资本对于区域经济增长以及区域差距的影响作用已经被广泛研究。但是人力资本的区域选择是由什么因素决定的，传统经济学研究范式中缺失了要素的"空间"维度，新经济地理学则将劳动力流动的原因解释为区域工资水平的差异。然而，随着经济发展质量的提升，贸易品运输成本的降低以及后工业化社会的来临，人力资本的区位选择越发受到以当地生活质量为代表的不可贸易品的影响。本书综合考虑城市便捷性、工资与房价，借助空间一般均衡模型，构建了城市生活质量指数，并用于探索分析城市生活质量对人力资本的集聚机制。一方面，实现了城市生活质量理论到现实量化测度的推进；另一方面，有效弥补了人力资本区域选择机制研究的不足。

(二) 现实意义

本书以城市生活质量为出发点分析地区发展差距问题，为缓解地区发展差距，实现高质量区域协调发展提供了新的政策方向。地区发展差距是区域经济研究的一个"老、大、难"问题，现有大量的国内外文献已经从多维度、多视角展开对地区发展差距的研究，从人力资本视角分析经济发展与地区发展差距的研究也由来已久。城市作为区域空间的重要组成部分，是区域经济高质量发展的承载主体。随着经济发展水平的提升，城市的消费职能作用正在日益凸显。城市经济研究中兴起的城市生活质量理论已经认识到城市生活质量对人力资本集聚具有重要影响作用。因此，以人力资本为中介机制，分析城市生活质量对地区发展差距的影响效应不仅为地区发展差距的研究拓宽了新的分析视角，而且我国新时期的主要矛盾已经转变为人民日益增长的美好生活需要和不平衡不充分的发展之间的矛盾，以城市生活质量为出发点分析地区发展差距对解决高质量发展阶段我国的主要矛盾同样具有重要现实意义。

城市生活质量研究对城市吸引人力资本以及相关政策评价具有重要指导意义。随着我国社会主要矛盾的转变以及区域经济迈向高质量发展阶段，城市生活质量对于城市经济发展的影响效应越发凸显。在城市经济学研究中,随着经济发展水平提高,人们对美好生活的需求变得越来越向往,导致城市生活质量对人口和企业的空间选址变得越来越重要。因此,城市生活质量视角成为研判城市高质量发展的新途径,能够有效将生活在城市里人的需求和城市的发展相结合,更能够体现以人为本的和谐发展理念。基于空间均衡理论模型,定量测度城市生活质量,建立城市生活质量的客观量化指标,实现城市生活质量可视化排名,有效弥补了国内城市生活质量研究中主要依靠主观评价指标的不足。此外,探析城市生活质量对人力资本的影响,可以为当前各大城市"引才政策"提供政策指导。各大城市都已经认识到人力资本对于城市发展的重要作用,并争相发布"引才政策",力图借助多样化"福利优惠"吸引八方才俊成为城市发展大军中的关键力量。洞悉城市生活质量对人力资本的影响效应,有助于地方政府在制定人才引进政策中有的放矢。

将区域差距与人力资本研究的空间维度深化到城市层面,有助于更精准地认识地区发展差距与人力资本的影响关系,为由"点"及"面"推动缓解我国地区发展差距提供政策指导。国内关于地区发展差距与人力资本的相关研究主要都聚焦于省级层面,然而很早之前,阿尔弗雷德·马歇尔(Alfred Marshall)指出,劳动力的空间集聚应该是一个"点"的问题,而不是"面"的问题。地级市是我国经济发展研究的关键行政单元[1],因此,将人力资本与地区发展差距的相关研究精确到城市层面更有利于探析人力资本与地区发展差距相关问题的本质。首先,我国现有区域差距的研究主要包括国家层面、四大板块层面以及省级层面,较少涉及地级市层面。平均而言,我国一个省级行政区包括近 10 个地级行政区[2],省份内部地

---

[1] 以地级市为研究对象,一方面,避免了以省级行政单元为研究对象时容易忽视省份内部的差距问题;另一方面,相较于更加细致化的县级行政单元,地级市在自身发展决策中的自主性优势更大一些,政策实施的多元选择更有余地。

[2] 2019 年我国省级行政区有 34 个(4 个直辖市及 2 个特别行政区),地级行政区有 333 个。其中,广东省下辖 21 个地级市,为地级市数量最多的省份。

级市之间的差距是我国区域差距不可忽视的一大问题。因此，分析城市层面的发展差距问题，既弥补了现有区域差距研究中关于城市维度分析的不足，又可以从细微层面更精准地服务于区域协调发展。其次，人力资本的相关研究受到我国劳动力受教育年限数据可得性的限制，多数研究的维度也只能受限于省级及以上维度。由于本研究中城市生活质量聚焦于城市维度，导致与此相对应的人力资本的分析也客观要求精准到城市维度。最后，本书将城市维度的区域差距分析进一步区分为城市内部的发展差距与城市间的发展差距，强化了关于城市间差距与城市内部差距的异质性分析。本书研究维度的精细化有效弥补了现有相关维度研究的缺失与不足，为更精准地服务于区域协调发展提供了很好的现实指导。

第二节　研究思路与研究内容

在前文分析城市生活质量、人力资本与地区发展差距的研究背景及研究意义的基础上，本节首先介绍了本书的研究思路形成过程；其次梳理总结本书的主要研究内容，并给出本书具体的研究路线图。

一　研究思路

中国特色社会主义进入新时代以来，实施区域协调发展战略是践行新发展理念的必然要求。一方面，中国经济进入高质量发展阶段，传统的经济增长红利与模式已经消失，经济发展迫切需要突破传统地区限制，开展跨区域经济融合发展。另一方面，受国际大环境的影响，我国提出"双循环"新发展格局，需要依托国内大市场这个战略基点。虽然我国大国经济具有内部可循环的客观优势，但是区域之间发展的不协调严重阻碍了我国国内市场规模优势的充分发挥。区域协调问题的核心在于区域差距，因此本书聚焦区域差距这一重要现实问题的研究。首先，从现有关于区域差距研究的相关文献中，梳理总结出我国区域差距的演变历程及其特征。对比分析各类不同的区域差距评价指标，并根据各个指标的优劣结合现实数据的客观可得性，选取本书测度地区发展差距的合适指标。考虑到我国区域经济研究的空间维度主要侧重于四大板块及省级层面的分析，鲜有城市维度的区域差距分析。据此，本书将区域差距分析的空间维度精细化到城市层面，分析城市维度的地区发展差距的特征。其次，区域经济发展的影响因素因经济发展阶段的不同而不同。中国经济转向高质量增长阶段，人力资本对经济发展的影响变得越发凸显。因此，本书在梳理总结区域差距的各类影响因素的基础上重点考察人力资本对区域经济发展的影响效应。最后，人力资本对区域经济增长以及区域差距的研究已经硕果累累，但相对而言关于人力资本集聚机制的研究却凤毛麟角。因此，本书进一步尝试分析人力资本集聚的动因。随着经济发展水平的提升，科技与技术带来贸易品运输成本大幅下降以及后工业化时代的来临，企业的选址和要素的空间流动渐渐的摆脱传统对可贸易性产品的依赖，开始受到本地生活质量等地区特有环境因素的影响。此外，随着收入水平的提高，人们对美好生活质量的需求可能已经超越对单纯高收入的追求。因此，城市生活质量的提升，一方面，可以直接吸引人力资本的集聚；另一方面，通过吸引企业的进入又可以间接促进人力资本进一步的集聚。城市生活质量是人力资本在特定区域集聚的内在驱动力。

根据上述分析，本书在聚焦区域差距这一重大现实热点问题基础上，研究思路的形成过程如下：区域差距的现状特征分析→区域差距的影响因素辨析（重点抓住高质量发展阶段人力资本对区域差距的影响）→探析城市生活质量对人力资本的集聚动力机制→城市生活质量的研究及其量化测度。现实中发现问题的路径与研究解决问题的路径往往是逆向的，因此后文的研究内容沿着研究思路形成过程的反向路径进行展开：城市生活质量、人力资本与地区发展差距的测度与特征事实评价→理论机理构建→实证检验→主要结论与启示。

二 研究内容

第一章，绪论。首先，介绍本书的研究背景与研究意义；其次，重点分析本书的研究思路和主要的研究内容及研究技术路线图；最后，介绍本书的研究方法以及创新点。

第二章，理论基础与文献综述。本章首先介绍了地区发展差距研究、人力资本对经济增长影响以及城市生活质量与人力资本集聚的相关理论。其次，分别从地区发展差距测度及影响因素、人力资本对地区发展差距的影响研究、城市生活质量及其对人力资本集聚的影响研究三个方面进行了文献梳理总结。最后，对现有相关研究进行评述。

第三章，城市生活质量、人力资本与地区发展差距特征事实。本章内容分别是关于本书三个核心研究对象城市生活质量、人力资本与地区发展差距的测度与评价。首先，基于空间均衡模型，借鉴 Albouy（2009）的分析框架对我国的城市生活质量水平进行测度，并以此为基础分析我国城市生活质量的城市排名、空间分布以及变化趋势。其次，借鉴朱平芳和徐大丰（2007）对 LIHK 收入法的改进测算我国城市人力资本水平，并对我国城市人力资本集聚现状进行分析。最后，在测度分析我国的省级层面地区发展差距的基础上，基于 NPP-VIIRS 夜间灯光数据分别测度我国城市间及城市内部的发展差距，并对我国城市发展差距的特征事实进行深入分析，为后文的实证检验奠定研究基础。

第四章，城市生活质量、人力资本与地区发展差距的理论机理。本章内容首先分析了城市生活质量影响人力资本集聚的内在机理。在构建城市生活质量影响人力资本区位选择的理论基础上，分别分析了城市生活质量通过个人区位选择的直接效应、企业选址的间接效应与循环累积因果效应对人力资本的影响，发现城市生活质量的提升会促进人力资本水平的提高。其次，探析人力资本对地区发展差距影响的理论机理。人力资本主要通过异质型人力资本效应、人力资本投入要素效应、外部性效应及空间溢出效应对地区发展差距产生影响。但是，由于四大效应对地区发展差距的影响方向并不一致，导致人力资本对地区发展差距影响的总效应具有不确定性。最后，分析城市生活质量对地区发展差距的人力资本机制路径，并对人力资本影响地区发展差距的总效应进行辨析。人力资本是承接城市生活质量对地区发展差距影响的重要机制路径，并且进一步区分初期人力资本禀赋的情况下，分析人力资本对地区发展的总效应发现：一方面，当初期人力资本禀赋较低时，异质型人力资本水平较弱而人力资本的外部性及空间溢出效应相对较强，因此，初始人力资本禀赋较弱时，人力资本的提升可能会缩小地区发展差距。另一方面，随着人力资本的积累，异质型人力资本扩大地区差距的效应开始显现，但与此同时人力资本外部性与空间溢出效应缩小地区差距的影响也在同步增长。因此，当人力资本禀赋较高时，人力资本的提升对地区发展差距的影响效应并不明显。

第五章，城市生活质量对人力资本影响效应的实证分析。本章首先，介绍了城市生活质量对人力资本影响效应检验的模型设计及相关数据来源。其次，估计城市生活质量影响人力资本的平均效应，并进行相关的稳健性检验与内生性讨论，验证了第四章提出的城市生活质量有利于促进人力资本的假说。最后，根据地理区位差异与发达程度差异分析城市生活质量对人力资本影响效应的异质性。

第六章，人力资本对地区发展差距影响效应的实证分析。本章首先介绍了人力资本对地区发展差距影响效应检验的模型设计与相关数据来源。其次，对人力资本影响地区发展差距的平均影响效应进行估计，并进行相关的稳健性检验及内生性讨论分析。再次，基于地理区位差异与发达程度差异分析人力资本对地区发展差距影响效应的异质性，验证了第四章提出的不同初始人力资本禀赋情况下，人力资本对地区发展差距的影响效应假说。最后，检验城市生活质量对地区发展差距影响的人力资本路径机制，分析人力资本中介机制对城市生活质量影响地区发展差距的中介效应大小。

第七章，研究结论与政策启示。本章首先对前文理论分析与实证检验的结论进行总结梳理，从理论与实证双重视角，得出本书"城市生活质量→人力资本→地区发展差距"的逻辑演进脉络。其次，根据本书研究结论提出相应的政策建议。最后，针对本书研究存在的不足，做出进一步的研究展望。

本书研究的技术路线如图1.1所示。

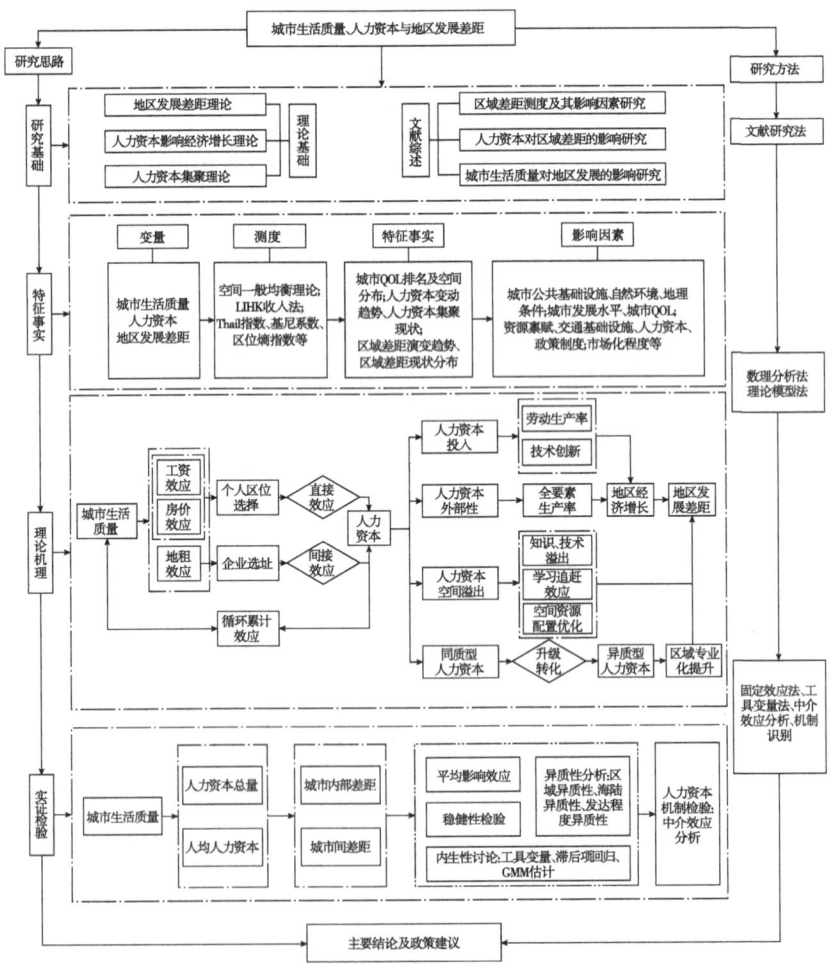

图1.1 本书研究的技术路线

第三节 研究方法与创新点

根据前文的研究思路与研究内容，本书从选题思路的形成到后续研究的深入，再到最后论文的完成过程中主要应用了文献归纳法、数理模型分析法以及定性研究与定量检验相结合的分析法。

一 研究方法

（1）文献归纳法

通过收集整理区域差距相关研究的文献，对区域差距的概念、测度、我国区域差距演进历程以及影响因素进行梳理总结。以此为基础，抓住高质量经济发展阶段，人力资本对地区经济发展重要性越发凸显的现实，重点归纳总结人力资本对地区经济发展以及地区发展差距影响的研究，寻求已有研究中达成的共识与存在的不足。进一步借助国内外文献，梳理归纳城市生活质量相关的研究文献，总结现有研究关于城市生活质量的测度以及城市生活质量对人力资本集聚的影响机理。综合来看，我国地区发展差距的现实问题以及城市生活质量对城市发展的重要性为本书研究提供了现实选题，而通过归纳总结大量相关的国内外文献为本研究的顺利推进提供了理论与方法支撑。

（2）数理模型分析法

本书借鉴 Albouy（2009），基于空间一般均衡框架通过消费者选择偏好理论及居民效用最优化与生产厂商利润最大化的均衡条件，得到居民及厂商的一阶最优条件。进一步通过相应的对数线性化处理，得到以地租、工资和住房价格表示的城市生活质量以及城市中不同类型生产厂商生产率的资本化表述，即 Albouy 三方程模型，为城市生活质量的测度奠定了理论基础。此外，对于城市人力资本的测度，本书采用改进的 LIHK 收入法，通过单位人力资本的设定，用单位人力资本所获得的工资与劳动者的工资水平之间的对应关系将人力资本用单位人力资本来表示，从而实现人力资本异质性的消除。城市生活质量与城市人力资本的量化均有效避免了采用综合评价指标带来的主观因素干扰问题，通过基于经济学的基本假设，借助相关数理模型严密的逻辑推理，得到城市生活质量与城市人力资本的客观有效量化指标。

（3）定性研究与定量检验相结合的分析法

首先，根据城市生活质量、人力资本与地区发展差距各自的量化数据及特征事实分析建立城市生活质量、人力资本与地区发展差距之间的直观经济联系。其次，通过城市生活质量、人力资本与地区发展差距的理论机理研究，用经济学理论定性解释三者之间的互动关系，辨析前文特征事实分析背后隐藏的经济学含义。最后，在理论机理研究基础上，基于相关的计量模型，用现实经济数据实证检验城市生活质量、人力资本与地区发展差距的定性结论，力争实现理论研究与定量检验结论的相互印证。

二 创新点

从城市生活质量的分析视角，以人力资本为桥梁，构建了城市生活质量、人力资本与地区发展差距的理论研究框架。地区发展差距是区域经济学研究的一大"热点"主题，现有研究已经从多方面多维度分析了区域差距与区域协调的相关问题。城市作为区域经济单元的标准尺度，结合城市生活质量这一城市经济学研究的前沿问题，鲜有关于城市生活质量对地区发展差距的研究内容。本书基于城市生活质量的新视角，研究地区发展差距这一重大现实问题，通过使用人力资本作为中介机制，在寻求分析地区差距问题创新视角的同时，构建了地区发展差距研究的新理论框架。

基于NPP-VIIRS夜间灯光数据构建"类县级行政单元"，测度城市内部发展差距。将区域差距的分析维度精细到城市层面的基础上，进一步地区分城市内部差距与城市间差距，力争将区域差距的研究推向更细微的层面。基于NPP-VIIRS夜间灯光数据，在测度城市间发展差距的同时，使用城市内部不同像元亮度的波动大小测度城市内部发展差距。使用 GDP 数据反映地级市内部发展差距的时候，一般需要进一步细化追踪到县级行政单元的 GDP 情况，这一方面为研究数据的获取增加了难度，另一方面县级行政单元的区域划分无法避免行政壁垒因素对研究的干扰。而夜间灯光数据对地级市内部变化的划分，并不会受行政区划的影响，每一个内部像元类似于一个剔除社会经济因素影响的"类县级行政单元"，由此测度的地级市内部差距会一定程度地消除行政干扰因素，有助于更精准地反映城市内部发展差距。

人力资本集聚动力机制研究的创新。自新经济增长理论将人力资本因素纳入经济增长的分析框架中以来，人力资本对于区域经济增长以及区域差距的影响作用已经达成学术界共识。但是人力资本的区域选择是由什么因素决定的？传统经济学研究范式中缺失了要素的"空间"维度，新经济地理学则将劳动力流动的原因解释为区域工资水平的差异。随着经济发展水平的提升，企业的选址和要素的空间流动正在渐渐的摆脱传统对可贸易性产品的依赖，开始受到本地生活质量等地区特有环境因素的影响。特别是对于具有一定经济实力的人力资本，对美好生活的需求可能已经超越对单纯高收入的追求。因此，城市生活质量更有可能是导致人力资本在特定区域集聚的内在动力。本书基于城市生活质量的量化数据，创新性分析城市生活质量对人力资本集聚的影响效应，丰富了人力资本区域选择动力机制研究。

第二章 理论基础与文献综述

关于地区发展差距的研究由来已久，现有研究已经从多视角多维度研究了地区发展差距相关问题。人力资本以及人力资本对经济发展影响的相关研究也是经济学研究的一大热点问题。随着经济发展水平的提升，城市生活质量的相关研究也渐渐被城市经济学研究所重视。但是，现有关于城市生活质量的研究主要侧重于对城市生活质量的测度及相关影响因素评价，尚未建立关于城市生活质量与经济发展之间的理论框架。本章是城市生活质量、人力资本与地区发展差距研究的综述。首先，介绍本研究的相关理论基础，主要包括地区发展差距理论、人力资本影响经济增长的理论与人力资本集聚理论。其次，从地区发展差距的测度及影响因素、人力资本对地区发展差距的影响以及城市生活质量对人力资本的影响三个方面分别对已有相关研究进行梳理。最后，在对相关研究进行梳理总结的基础上对现有研究进行简单评述。

第一节 理论基础

关于城市生活质量、人力资本与地区发展差距的理论基础主要从三个方面展开，首先立足于本研究主要解决的地区发展差距问题，对基于经济增长衍生而来的经济发展差距理论进行梳理总结，分析经济发展均衡与非均衡理论的差异。其次，介绍不同理论视角下人力资本对地区经济增长与地区差距的经典理论。最后，梳理总结影响人力资本集聚的相关理论。

一 地区发展差距理论

地区发展差距与地区经济增长的研究密切相关，在经济增长理论的基础上发展出来分析地区发展差距的相关理论，根据其主要研究结论可以分为两个不同的方面，即均衡增长理论与非均衡增长理论。其中，区域经济非均衡增长理论主要包括循环累积因果关系理论、不平衡增长理论、"中心—外围"理论，而区域均衡增长理论的主要代表是区域经济一体化理论。

（一）循环累积因果关系理论

Myrdal（1944）发现现实社会经济发展处在一个动态变化的过程当中，区域空间经济的发展存在循环累积因果联系。首先，现实不同地理空间上的经济发展速度存在差异，不同地区经济发展的时间阶段也不相同，区域经济发展并非同步增长。在某些具有初始发展禀赋的地区往往可以得到率先发展的机会，并且由于这些地区获得了先发的优势，借助经济发展的循环累积效应，优先发展的地区会进一步赢得发展的资源要素，进而获得更快的发展。区域经济发展的循环累积过程会不断地拉大地区间的发展差距，与此同时先发地区与发展落后地区之间将形成两种作用方向相反的影响效应，即回流效应与扩散效应。其中，回流效应主要变现为不同生产要素为追求利益最大化从落后地区流向发达地区，进一步拉大地区发展差距；而扩散效应则主要表现为生产要素由先发地区向欠发达地区的扩散，进而缩小地区间的发展差距。在市场机制主导下，区域经济发展的初期回流效应较大而扩散效应相对较弱，由此造成区域间经济增长的"马太效应"，发达地区集聚的发展优势越来越强，而欠发达地区的增长却越发滞后。因此，循环累积因果理论认为，在地区经济发展的起步阶段，政策应该适度鼓励具有先发优势的地区获得更好的发展，以充分释放发展潜能。但是，当先发地区的经济发展达到一定水平之后，需要防止区域间经济发展差距因循环累积因果效应而无限增大，此时需要政府适时推出区域协调发展政策来缓解区域发展差距的进一步拉大。

(二) 不平衡增长论与"中心—外围"理论

Hirshman (1958) 提出的不平衡增长理论认为,经济发展在区域空间上是不同步的。经济发展的巨大推动力,会导致具有初始发展优势的地区得到较快的增长,并且成长为区域经济的增长极。区域经济增长极的出现意味着区域经济增长在空间上的不均衡不可避免地会伴随经济增长而产生。Hirshman 将循环累积因果理论中的回流效应与扩散效应解释为区域经济增长的极化效应和涓滴效应。一般而言,在区域经济发展的初期极化效应占主导,导致区域经济发展的差距会被逐步拉大;但是从区域经济发展的长期来看,经济发展达到一定程度之后,涓滴效应的发挥会缩小地区发展差距。

Friedmann (1966) 提出"中心—外围"理论,不同于循环累积因果理论,"中心—外围"理论不仅从经济学视角来分析区域的不平等,还通过其他更广泛的视角来考察区域发展关系。在区域经济发展的长期演变过程中,"中心—外围"理论根据发展水平的差异将区域经济的空间结构划分为中心与外围两个部分,即区域经济的空间二元结构。处于支配地位的中心地区发展条件相对较高,资源要素利用效率也较强,而处在外围的地区经济发展条件相对较差,要素生产效率也较低。因此,在市场机制主导下的区域经济空间二元结构中资源要素会从低效率的外围地区流向生产效率较高的中心地区。经济发展的初期,区域经济会表现出单核中心的空间二元结构,但是随着经济发展水平的提升,单核中心结构会逐渐被区域多中心结构所取代。

各类区域非均衡理论基于不同的研究视角均认为经济增长率在不同的区域空间上是有差异的,但并不能因此就断定区域间的经济发展差距必然会不断地被拉大。区域非均衡增长理论过度强调了具有禀赋优势的先发地区的累积性发展优势,但却忽视了区域空间距离、经济发展结构以及其他社会行为因素对区域经济发展的重要性。循环累积因果理论与区域不平衡增长理论认为无法单纯依靠市场机制来自行缓解区域经济的发展差距，并且由此引发了关于区域经济发展应该是趋同还是趋异的讨论，然而早期的讨论主要限于理论层面，缺乏相应的实证基础。直到 Williamson（1965）提出区域经济发展的倒"U"形理论才使区域经济发展的研究从理论迈向了实证，代表了时间维度开始被非均衡发展理论重视起来。Williamson（1965）提出的倒"U"形理论是 Kuznets（1955）收入分配倒"U"形假说在区域经济发展上的应用。区域经济发展的倒"U"形理论认为随着经济发展水平的增长，区域间差距首先会逐步扩大，并且在经济发展达到一定水平时，区域间差距被扩大到最大，随后经济发展水平的进一步提高会使得区域间发展差距逐步得到缓解，即区域经济的发展阶段与区域差异之间存在倒"U"形的关系。

（三）区域经济一体化理论

市场机制主导下的区域二元空间结构的经济发展轨迹必然是非均衡的，但随着区域经济发展水平的提升，二元空间结构中的增长极在自身快速增长的同时会不断地演化培育新的增长极出现。随着区域经济发展水平的提高，二元空间结构逐渐演化为多元空间结构直到最终进化为更高层次的区域经济一体化。

非均衡发展战略主要是针对发展中国家或经济发展初期资源要素相对稀缺的情况下，强调把有限的稀缺资源合理配置使其资源配置效率发挥到最大。但从长期发展来看，如果区域经济发展长期处在极不平衡的阶段，发展滞后地区各类资源要素长期短缺不仅会阻碍后发地区的发展，同时对整个区域市场规模的扩大也是不利的。区域经济发展的长期不均衡会极大地阻碍区域整体的发展。Hirshman（1991）认为，非均衡发展是实现更高水平均衡发展的前提，而不是最终区域经济发展的目的。

20 世纪 90 年代以来，在经济全球化与贸易自由化的国际大背景下，一国或地区内部的经济一体化也开始成为区域经济学者的研究对象。区域经济一体化包括跨地区要素市场、产品市场、服务市场到经济政策及管理的相互统一。区域经济一体化的核心是实现区域市场一体化。安筱鹏（2003）认为区域经济一体化发展的过程是各类生产要素与产品的跨地区有效流动，最终实现基于要素流动所形成的集聚经济增长极与外围扩散点的空间状态。区域市场一体化是实现区域经济一体化的动力源泉，以区域市场一体化为基础，依靠市场力量来优化资源配置，促进各类资源要素跨区域流动，形成要素集聚与扩散效应，进而发挥区域市场的规模优势，带动区域分工与专业协作，最终实现区域经济一体化。

通过建立统一的商品、要素市场和服务市场可以有效地推进区域产业的分工与协作，而区域产业间的分工协作最终必然导致区域经济一体化的实现。区域经济一体化的推进长期来看，既有利于区域整体市场规模的扩大，也有利于单个区域比较优势的发挥。这是由于区际市场分割，区域分工不合理并不利于整体区域经济的发展。首先，地方低效率的生产需要严重依赖地方保护才能得以维持，而地方保护主义严重限制了市场规模优势的发挥。Smith（1776）提出分工的形成需要以一定的市场规模为前提，而由于地方保护主义限制了市场范围的扩张，必然也会阻碍区域分工的发展。其次，如果难以形成有效的区域分工，低效率的区域经济发展需要依靠进一步的地方保护和价格扭曲才能维持下去。地方保护主义支持下的企业，一方面，享有充足的资金扶持与优质生产要素；另一方面，外部优势的企业却无法享有与当地企业公平的市场竞争环境，难以得到足够的资源与生产要素，最终导致地方保护下的资源配置效率难以达到最优。最后，地区间较高的贸易壁垒的存在，交易费用的提升导致难以形成有效的区域分工协作。杨小凯（1998）认为交易效率的提高与交易费用的降低对市场范围和分工水平具有促进作用。区域间贸易壁垒的存在，极大地提升了区域间的交易成本，阻碍了市场范围的扩大，进而导致区域内的企业发展的规模优势难以发挥，基于规模报酬递增机制的区域产业分工也就无法实现。相反，区域经济一体化可以借助市场力量促进区域间的贸易合作，强化区域产业分工与专业化生产，减小各类要素与商品的流通交易障碍，从而扩大市场规模，进一步推动区域间的分工协作。

二 人力资本影响经济增长的理论

下文分别总结梳理了新古典经济增长理论、新经济增长理论与新经济地理学理论框架下人力资本对经济增长与地区发展差距的影响作用。

（一）新古典经济增长理论

Solow（1956）新古典增长理论中涉及区域经济差距问题的主要成果是 Solow-Swan 模型。该模型基本假设为规模收益不变、要素自由流动且边际收益递减，此时得到均衡状态下的人均产出和人均资本的边际收益都取决于资本劳动比率。然而，在长期稳态水平资本劳动比率是恒定的，因此长期来看，人均产出会收敛于某一稳态水平。根据新古典经济增长理论，长期来看经济增长会趋于某一稳态水平，因此随着经济发展水平的提升，地区发展差距会逐渐缩小，并且地区差距缩小的速度与经济发展水平距离稳态的距离呈正相关，最终地区经济增长会趋向收敛。自新古典经济增长理论提出区域经济发展会走向趋同以来，相关学者研究发现一定时期及一定区域内区域经济增长确实会走向趋同。例如，Barro（1995）研究发现具有相对兼容性的不同经济体之间存在经济增长绝对趋同的趋势。但是在更长的时间跨度和更大的区域范围下，新古典经济增长模型预言的经济增长率与初始人均产出水平负相关的结论并未得到现实数据的验证。

现实中发展中国家或欠发达地区并未表现出比发达国家或地区更快的经济增长速度，国家或地区间的发展差距不仅没能得到进一步的缓解，反而出现了一定程度上发展水平的两极分化。蔡玉胜（2005）发现，区域经济增长长期可能并不会趋于收敛。新古典经济增长理论之所以无法解释长期的经济增长是由于该理论将促进经济增长的技术进步假设为模型外生变量，导致无法解决要素规模报酬递增这一经济增长的关键性技术问题。此外，新古典增长理论还忽视了制度安排在经济增长中的作用。

（二）新经济增长理论

新古典经济增长理论对经济增长的解释无法解决的一个内在矛盾是该理论将技术进步看作模型外生给定的并以规模收益递减为基本假设前提，但是由于人力资本的存在导致现实长期经济增长是规模收益递增的。新古典经济增长理论的这一内在矛盾导致了难以对世界经济增长的现实给出一个一致的并有说服力的理论解释。为解决这一内在矛盾，Romer（1986）和 Lucas（1988）等学者在新古典经济增长理论的基础上，将知识和人力资本引入经济增长模型中，实现了由技术外生决定到以技术内生为核心的经济增长理论的转变，为经济规模收益递增提供了理论解释。区别于新古典经济增长理论，新经济增长理论的核心观点认为经济增长的源头并非来自模型外部的技术力量，而是由经济体内生的技术进步推动了经济的长期增长。

新经济增长理论开始关注知识与人力资本对经济增长的重要性，为从人力资本视角分析国家或区域之间经济增长和发展差距奠定了理论基础。新经济增长理论的重要贡献就是将人力资本与物质资本一样模型化为经济增长的内生变量。新经济增长理论以知识与人力资本的外部性来解释边际生产率的递增，并以规模报酬递增为基础来解释现实经济体中资本等要素为何会流向资本充裕的发达国家，而不是像新古典增长理论分析的那样流向要素禀赋较差但边际产出较高的国家或地区。此外，新经济增长理论基于内生性技术进步产生的规模报酬递增效应使人力资本对地区经济增长与地区发展差距的影响作用开始被重视起来，为发展中国家或地区制定经济发展与赶超战略的政策提供了理论指导。新经济增长理论关于分工、政策制度与开放水平的研究发现，通过政策制度机制的革新与区域开放水平的提升有利于提高人力资本水平，进而促进地区经济发展。

（三）新经济地理学相关理论

新古典经济增长与新经济增长理论一直以来都忽视了空间地理

因素的作用，而新经济地理学则把被主流经济学忽视的空间因素纳入到一般均衡理论的分析框架中。新经济地理学将 Dixit 和 Stiglitz（1977）提出的垄断竞争模型作为理论研究基础，通过不完全竞争、规模报酬递增和市场外部性等假设来研究区域经济增长。新经济地理学在纳入空间地理因素之后对于国家或区域经济增长的研究主要表现为关于经济活动的空间集聚与区域经济增长收敛的动态变化两个方面。新经济地理学之前的传统经济增长理论假设要素的报酬递减和完全竞争，导致了现实经济增长来源的技术进步与制度因素难以得到合理的解释。因此，新经济地理学在规模经济、要素报酬递增与垄断竞争的假设前提下来分析区域经济发展，并加入了对地理空间因素的分析，使新经济地理学对现实经济现象的解释力比传统经济学更强。

规模收益递增、集聚与路径依赖是新经济地理学关于经济活动空间聚集研究的三个核心内容。Krugman（1991）研究发现，在区域贸易和生产专业化方面规模收益递增和不完全竞争要比规模收益递减和完全竞争更为重要。而规模收益递增的市场、技术和其他外部性因素的形成主要是由于要素的空间集聚。空间集聚主要是指各类要素或产业由于集聚所带来的规模效应而向特定区域聚集的现象。要素空间集聚打造出区域中心增长极的同时也有助于推动城市规模不断扩张。此外，新经济地理学认为区域空间集聚与城市的发展还伴随着路径依赖现象的存在。如果某一随机性因素使特定区位在产业集聚方面获得了先发优势，那么这个初始随机因素所确立的经济模式将有可能在规模报酬递增的基础上进一步得到强化，进而锁定这一空间集聚模式。

新经济地理学在空间集聚之外的另一大贡献是为区域经济增长收敛动态提供了新的理论解释。新古典经济增长理论假定资本和劳动都是规模收益递减的，各类资源要素流向初始要素禀赋较低的发展中国家或地区会得到较高的边际产出效率，因此断定发展中国家或欠发达地区相对发达国家或地区会具有相对较快的增长速度，长期来看国家之间与区域之间的发展差距会不断减小。然而国家之间与区域之间发展差距的拉大与新古典经济增长模型的解释并不相符。新经济地理学对区域经济差距问题给出了新的解释，新经济地理学理论认为区域经济活动和财富空间分配的影响取决于区域市场规模、区域贸易成本以及区域间要素流动强度的相对大小。如果区域经济一体化导致要素流动性提升、区域市场规模扩大以及区域贸易成本下降，会促使生产要素与产业向区域发展中心集聚，导致区域中心与外围的发展差距逐渐拉大。相反，如果区域要素流动受到阻碍，区域市场规模被分割，区域贸易壁垒增强，则会导致核心区的规模优势无法有效发挥，核心区的经济成本上升，导致空间经济趋向分散。

新经济地理学理论分析得到的区域政策含义主要表现为以下几个方面：一是由于路径依赖的存在使区域政策的实施具有一定的时滞，因此导致政策实施效果会降低。一旦发达地区已经率先形成自我强化的路径依赖优势之后，欠发达地区想要实现对发达地区的追赶需要实施力度较强的政策措施才能打破已经形成的路径依赖。二是传统经济学研究认为通过交通基础设施的改善，减少后发地区与发达地区的贸易成本，可以促进后发地区融入发达地区的市场，有助于促进后发地区的发展。但是，新经济地理学研究发现，交通基础设施的改善降低区域间贸易成本对区域发展的影响效果并非单一的。短期可能进一步拉大地区之间的发展差距，这是由于区域贸易成本的降低一方面扩大了发达地区的市场规模优势；另一方面还加速了后发地区资源要素和劳动力向发达地区的流动。因此，短期来看交通基础的改善导致贸易成本的降低会进一步地强化发达地区的极化效应。但从长期来看，贸易成本的下降有利于区域整体市场规模的扩大，提升了资源配置效率，在提高区域整体经济增长的同时，也有利于使后发地区更好地融入区域分工协作当中，享受区域整体发展的福利。最后，新经济地理学为后发地区的贸易壁垒政策提供了一定的理论依据。欠发达地区借助贸易壁垒可以暂时对地区弱小产业的培育起到保护作用，为地区弱小产业的成长提供时间和发展环境，最终建立该产业的自我竞争优势。一旦弱小产业发展成熟，建立了自己的竞争优势，就可以取消贸易壁垒，扩大区域产品的市场空间。但是，贸易壁垒仅限于对具有发展潜力和战略性价值的弱势产业的发展保护，而不应陷入地方保护主义困境当中，对一些技术落后的低端产业提供政策保护。

区域经济增长与发展差距的相关研究为调控我国地区发展差距，实现区域协调战略提供了理论指导。针对20世纪50年代以来发展中国家普遍出现的区域发展差距扩大的趋势，Porter（1998）总结了西方理论界提出的两种不同的解决区域发展差距的观点：一是通过外部功能一体化达到空间发展的平衡。二是通过内部区域的一体化以及"选择性空间集聚"实现经济内部的自我平衡来缓解区域空间经济发展的差距。

三 人力资本集聚理论

人力资本的流动需要以实体个人的流动为物质载体。Herberle（1938）提出"推力—拉力"理论，认为个体的迁移流动是由于迁出地的负面因素构成个体离开的推力，而迁入地的正向因素构成拉力，两种力量综合作用导致最终个体的迁移决定。Schultz（1961）提出迁移成本—收益理论，认为个体的区位选择是理性人综合考虑迁移的成本与收益，进而追求效用收益最大化的行为。因此，分析人力资本的流动与集聚机制需要以个体的区位决策理论为研究基础。下文分别介绍了传统研究范式下的个体区位选择理论与城市生活质量视角下个体与企业的区位选择理论，为后文探索城市生活质量作为人力资本集聚的动力机制奠定了理论基础。

（一）传统研究范式下的区位选择理论

城市经济学作为经济学研究的重要分支学科是由于城市经济学分析中将土地要素作为经济活动的关键投入。如果所有的经济活动都是用凸性技术（convex technologies），自然资源在地理空间分布上是均质的，所有产品在不同地区的生产与消费成本都相同，那么经济研究中土地禀赋因素就被忽略了。然而现实经济中的技术非凸性使经济活动需要对土地的空间区位做出选择，具体而言包括家庭的住房区位选择与企业的区位选址。

新古典家庭区位理论。追求效用最大化的家庭在住宅区位选择的同时，也是对住宅区位所承载的区位生活舒适性的选择。由于家庭的通勤与住房成本都依赖于住宅区位，所以住宅区位也应该包括在家庭的预算约束当中。城市家庭住宅选址的空间均衡是通过不同家庭在住宅区位选择中对理想区位的竞争来实现的。例如，处在城市中心的住户，上班通勤成本较低导致对城市中心区位的竞争就比较激烈，因此中心地带的住房成本相对也较高。不同区位地块租金成本的差异代表了对通勤成本差异的补偿。Alonso（1964）的标准区位模型奠定了现代城市区位理论研究的基础。该模型将城市假设为一个均质平原，区位差距主要表现为距离市中心距离的差异。代表性家庭在城市区位选择中一方面想要靠近工作地点（市中心），另一方面还需要对靠近市中心的高地租成本进行权衡。Mills（1967）在标准城市住房选择模型中开创性分析了运输成本的作用。城市中代表性家庭在选择住房区位时，距离城市中心不同的区位是对住房成本与通勤费用的一种"互换"选择。但是也有学者对新古典城市住房区位理论提出了质疑，一方面认为该理论的严格假设前提与现实并不相符；另一方面，该模型重点关注的通勤成本可能并不是住房区位选择的重要决定因素。此外，由于产业布局的分散化导致越来越多的就业机会出现在远离城市中心的区位。例如，制造技术的升级使对土地的需求量增加导致制造业的分散布局，对交通运输依赖性的提升使批发业布局也分散开来，信息与通信技术的改善使办公活动不必集聚在一起，而居民住宅的分散化也使零售与服务业分散布局。

行为学派的家庭区位选择理论。Kirk（1963）与Lowenthal（1961）从居民行为视角分析了区位选择的过程，认为在住房区位选择过程中，应当强化人的行为（感性认识）与现象环境（理性决策）之间关系的研究。Wolpert（1965）认为人们的居住区位变化是对外部环境的感知变化，并提出地点效用和行动空间的概念。Short（1978）认为北美与英国城市私人住房市场的区位选择研究主要分析了住房区位选择行为与家庭生命周期的关系，影响家庭区位选择的因素包括区位特征、成本及环境状况等，并且这些因素对不同收入与年龄阶段的家庭的重要程度是有差异的。然而，也有学者认为行为学派在分析居民住房区位决策中，过度重视个人的行为，而忽视了社会团体对个体行为的影响，将个人感知与环境之间的关系考虑得过于简单。Evans（1985）则发现影响城市住房区位选择的因素中除了个人行为因素还包括社会集聚因素。基于社会心理学视角"物以类聚，人以群分"，现实社会中人们往往倾向于居住在具有相同爱好与志向的人群周围。例如，现实社会中的民族或宗教集聚区。此外，人们往往都比较向往拥有良好的生活环境，但是美好的生活环境往往都比较稀缺，此时拥有较高收入的阶层一般才能享受美好的自然生活环境，由此导致的城市中富人区与贫民窟的分散布局。在市场经济主导下，人口可以自由流动时经济因素与社会聚集因素都会对城市的住房区位选择产生重要影响。

传统研究范式下的企业选址理论。城市经济活动之间吸引力与排斥力的相互作用导致了企业活动的最优区位选择问题。一个企业的选址决策，往往希望将厂房建在市场需求最大的地方，不仅接近消费者，而且靠近要素供应厂商，与此同时企业还希望能够远离竞争者以获取一定的垄断利润。需求市场因素为企业选址提供引力效应，而其他企业的竞争则带来斥力效应。城市企业区位理论利用引力与斥力效应来分析城市内部企业的选址决策及其导致的城市空间形态。企业的选址决策主要受到成本与集聚经济的影响，并且城市内部集聚经济的来源主要是由于存在生产的规模报酬递增。

（二）城市生活质量决定的个人与企业区位选择理论

传统研究范式下个人与企业的区位选择主要是基于生产的角度来考虑，而城市生活质量决定的区位选择理论开启了从消费角度分析个人与企业区位决策的新视角。Ullman（1954）发现随着人们收入水平的提升和人口跨地区流动性的增强，自然气候与人文景观等使人愉悦的消费要素在社会生活中的影响效应越来越大。Rostow（1959）、Bell（1973）和 Galbraith（2007）分别从经济发展阶段、后工业化社会与新产业时代的相关研究中发现，经济发展水平达到一定阶段后，人们对生活的便捷性与高质量消费的追求会变得越发强烈。在一个富裕社会中，家庭的生活质量不仅受到消费数量的影响，还会受到消费与服务质量的影响。西方发达国家在转入后工业化发展阶段之后，城市职能正在渐渐从生产主导转向消费主导，城市便捷性与城市生活质量对城市发展与竞争力提升的影响变得越来越重要。

Wall（2010）和 Douglas（1997）的研究证实一旦个人通过迁移可以有效提高生活质量，那么人口迁移就会发生。随着经济发展水平的提高，城市生活质量对个人的区位选择正在变得越来越重要，生活质量好的地区能够吸引人口流入并促进该地区的经济增长（Glaeser & Tobio，2008）。然而，不同人群的个体属性差异对人们在城市选择过程中生活质量和经济因素相对重要性的考量存在很大的差异。不同类别人群受年龄、职业、收入等影响对生活质量重视的维度和程度并不相同。Clark（2002）指出不同群体在寻求城市便捷性考虑因素上具有明显差异性，大学毕业的年轻人受就业与生存压力的影响会倾向于选择集中在人工便利性较高的地区，而从事高科技研发的创新人员则更倾向于选择在自然和人工便利性都比较高的地区，即城市生活质量的提升在吸引各类人口流入的同时，更加倾向于对高水平人力资本的吸引。城市生活质量通过影响个人的区位选择促进了人力资本的集聚。

Wenting（2008）发现企业的区位决策中城市便利性因素正在变得比集聚因素更重要。Clark（2002）发现后工业化和全球化使城市文化价值对城市的竞争力影响越发重要，制造业时期解释城市发展的理论框架对当今城市发展的解释力正在趋于下降。在工业区位论中，低技能劳动力、原材料、运输成本是重要的区位影响因子，然而随着交通基础设施建设的不断升级，可贸易产品的运输成本正在不断降低，再加上后工业化时代的来临，企业和要素的区位选择越来越摆脱可贸易产品的束缚，而越发受到当地生活消费的便捷性与舒适性等地方特定环境因素的影响。随着我国进入高质量发展阶段，传统产业的转型升级对于非传统区位因素的要求将变得越来越重要。良好的营商环境和居住环境能够推动产业发展，教育、休闲、文化舒适性等影响生活质量的因素对企业选址的作用也在变得越来越重要。此外，由于城市土地供给是有限的，高生活质量的地区往往具有较高的地租成本，因此导致城市生活质量间接地会对企业科技创新能力的高低进行逆向选择。相对于低技术水平与处在产业链低端的企业，高城市生活质量的地区吸引而来的企业更多的是高技术、高创新的价值链高端企业。由于高科技产业往往是高水平人力资本发挥作用的"用武之地"，城市生活质量对企业选址的影响进一步又促进了人力资本的集聚。

第二节　相关文献综述

自中华人民共和国成立以来，我国的区域经济发展战略经历了从注重公平发展到沿海、特区率先发展再到区域间协调发展的递进式战略转变。其间，中国区域经济发展的多元化历程转变伴随着区域差距的演进历程为国内外学界研究区域发展理论提供了丰富、翔实的现实资料，同时也贡献了大量的地区发展差距相关的各类文献。虽然伴随着我国经济发展步入新时代，区域协调发展的内涵出现了新的转变，开始注重新增长极培育与总体协同战略相结合，但是只有深入地了解以往的区域协调与地区发展差距相关的研究，探析借鉴已有研究的学术与应用价值，并弥补其可能存在的不足之处，才能有效缓解地区发展差距，实现高质量区域协调发展。已有研究不仅充分证明关于地区发展差距的原因是多方面的，而且伴随区域经济发展水平的提高，不同区域发展阶段影响地区发展差距的主要因素也在不断变化。经济高质量发展阶段的地区发展差距将越来越受到人力资本的影响。此外，分析人力资本对地区发展差距的影响，还需要进一步地探析影响人力资本集聚的动力机制。"十四五"时期，高质量经济发展阶段人们对美好生活的需求变得越发强烈，城市生活质量因素对人力资本的集聚效应正在变得越来越重要。因此，本节研究综述主要分为三个部分，首先，梳理现有研究中关于地区发展差距的内涵、测度及影响因素的研究。其次，考察人力资本的相关概念内涵，并重点分析现有研究中关于人力资本对地区发展差距的影响研究。最后，界定城市生活质量的概念内涵，并深入探讨城市生活质量对地区发展的影响研究。

一 地区发展差距的测度及影响因素研究

本小节首先辨析地区发展差距的概念内涵；其次，对比分析地区发展差距的不同测度方法；最后，梳理总结了我国地区发展差距的现状以及影响因素。

（一）区域差距概念内涵

早期的经济学研究并不重视"空间经济因素"的作用，而是将区域空间假设为均质空间，单纯的分析不包含地理空间维度的经济问题（安虎森，2009）。区域经济学、城市经济学与经济地理学等学科出现后，经济活动的地理空间维度才慢慢被考虑到经济研究理论当中。缺乏空间维度的主流经济学认为区域空间是均质的，并未考虑经济发展中个人与企业的区位因素对经济发展带来的影响。而将地理空间维度纳入经济研究当中后，随之便产生了区域经济的概念，以及与区域经济相伴生的区域差距的概念。

区域经济是指附着在一定地理空间上的人类经济活动的总称，反映了地区经济发展的特点，代表着具有一定地区发展特色的地区经济发展水平。首先，区域经济的存在需要依附于特定的地理空间，而区域经济的发展则需要依赖于特定地理空间上的各类资源要素。由于位于不同地理空间上的资源禀赋具有天然的差异,导致地区发展差距具有一定的天然属性。其次,区域经济所依附的地理空间上的各类资源要素的流动会对地区发展差距产生进一步的影响。一方面,地区特有的资源禀赋与自然环境是地区独一无二的天然条件,难以实现跨地区的流动。另一方面,劳动力、资本、信息及技术等要素虽具有天然的易流动性,但由于地方保护、政策壁垒及文化差异等因素的影响会严重地阻碍可流动要素的跨区域流动。由于人为因素导致的资源要素流动性的降低是导致地区发展差距的重要原因。最后,市场的主导与政府的引导是地区发展差距的另一大重要原因。在市场机制主导下,有限的资源会流向具有比较优势的地区,通过资源的优化配置,资源优势逐渐转变为经济优势,进而产生市场主导下的多元化区域经济发展。与此同时,在市场力量之外,政府的区域政策也会在很大程度上影响地区经济的发展。

现有研究中,根据区域差距考察对象的不同,区域差距的概念又可以分为狭义和广义两个维度。狭义的区域差距仅指区域间经济发展水平的差距,而广义的区域差距不仅包括经济发展因素,还包括社会发展和人居环境等成分(徐勇和樊杰,2014)。此外,根据区域差距概念的内涵与外延来分,区域发展差距涉及内涵构成要素和外延影响因素两个方面的内容。其中,区域差距的内涵构成要素主要是从不同的维度分析被考察对象的特征,即区域发展差距评估与测度中的经济、社会要素二分法或经济、社会与人的能力三分法(Anand et al.,2000)。关于区域差距的外延则还包括地理、资源环境、文化及制度等因素的影响。通过区域差距内涵要素与外延因素的结合,分析区域发展差距的成因、机制以及变化趋势。区域差距内涵在本质上是对两个区域系统间关系的比较(彭荣胜,2007),因此,分析区域差距的内涵需要以区域之间存在相互联系为基础前提。

(二)区域差距测度

从区域差距的狭义内涵来看,区域差距主要表现为区域间的经济发展差距，因此区域协调发展的主要判断标准就是区域经济发展差距的缩小。在市场化经济主导下的区域经济发展差距越小，一定程度上意味着区域协调发展程度就越高（覃成林等，2011）。现有研究中关于区域差距的测度方法主要基于两个不同的分析视角：一是基于区域经济趋同的视角。Barro（1991）和 Sala（1992）实证检验了美国各州之间以及欧洲各成员国之间经济的趋同程度，发现假如各州（国）的经济稳态水平相同，那么各区域的经济增长率与其距离稳态水平的距离成反比，即经济发展落后地区的增长速度会快于经济发展水平较高的地区，即区域经济的"绝对 β 趋同"。此外，若进一步考虑地区技术水平、居民储蓄偏好、社会制度等方面的差异，则会造成各地区的经济稳态水平的不同，但最终区域经济也会实现"条件 β 趋同"。基于区域经济存在绝对趋同或条件趋同的经济趋同理论，大量国内外学者对不同国家或国家内部不同区域经济增长的趋同及趋同速度进行了实证检验（Mankiw et al.，1992；Sachs & Warner，1995；Lee et al.，1998；Coulombe，2000；Elhorst，2003；Hsiao，2015；沈坤荣和马俊，2002；林毅夫和刘明兴，2003；刘夏明等，2004；彭国华，2005）。二是通过构建反映区域经济发展差距的评价指标来直接量化区域差距的大小。其中运用比较多的区域差距评价指标主要包括两个方面：一方面，通过直接比较区域经济发展水平的差距、区域发展水平最高值与最低值的差距以及各地区发展水平与区域经济发展前沿地区的差距等绝对差距指标。另一方面，基于人均 GDP 或人均收入来构建各类反映区域经济波动程度的指标系数来测度地区发展差距，如基尼系数、加权变异系数以及 Theil 指数等（杨伟民，1992；魏后凯，1992；干春晖和郑若谷，2010；田钊平，2011）。

  关于区域差距的测度，除上述通过经济趋同视角与经济发展差距评价指标的直接测度方法之外，还有学者从区域经济一体化与地方保护等视角来分析区域差距问题。区域经济一体化是市场机制主导下缓解区域差距，进而实现区域协调的关键。因此，区域经济一体化水平一定程度上反映了区域差距的大小。关于区域经济一体化与区域经济收敛的关系,不同学者形成了两种截然不同的观点:Piras等(2008)、Szeles(2011)等认为区域经济一体化有利于促进各区域经济增长趋向收敛状态;然而,Ertur and Koch(2008)、Strielkowski(2016)等却发现区域经济的一体化并没有有效促进区域之间经济增长的趋同,反而由于发达地区的集聚规模优势,经济一体化会一定程度的拉大区域发展差距。

此外,随着研究技术水平的提升,各类新的研究工具出现,对区域差距的测度方法也在不断升级。各地区作为区域空间的组成部分,地区经济发展无法忽视地区之间的空间联系,探索性空间数据分析ESDA(Exploratory Spatial Data Analysis)以测度区域数据间的空间关联,并借助相关技术手段实现了对区域经济数据空间分布的可视化分析,为研究区域差距的演变及空间关联性提供了有力的分析工具与方法。丁建福等(2015)基于县级人均GDP指标的Theil指数并使用ESDA方法研究了我国县级维度经济发展差距的变化趋势,发现我国县域之间的经济发展存在较强的空间自相关。

(三)我国区域差距现状及其影响因素研究

我国的区域经济发展及由此产生的区域差距是由多方面因素综合决定的,刘秉镰等(2019)认为我国区域经济发展是由内外部环境、国家战略、制度变迁和区域战略四大要素相互联动的结果。根据我国区域经济发展所面临的国内外环境的变化、国家战略与区域战略的阶段性调整以及由此伴生的制度变迁,中华人民共和国成立后,我国区域差距的演变主要经历四大阶段。第一阶段(1949—1978年)改革开放前,国内重工业加快北进,向以辽宁为中心的东北地区集中布局;与此同时,轻工业有计划的迁往三北及华东地区,加快内地重工业基地建设与"三线建设"为重点的西进发展战略(金相郁,2007;魏后凯,2011)。第二阶段(1978—1992年),东部地区率先发展,我国东西发展差距逐步增加。改革开放初期,凭借优越的区位优势和政策优势,东部沿海地区在发展速度上遥遥领先于其他地区，东、中、西三大地带间发展差距呈上升态势，但整体上升速度还比较缓慢（牛树海和杨梦瑶，2020）。第三阶段（1993—2002年），中国区域差距呈现出持续扩大趋势（Kanbur & Zhang，2005）。不同学者对这一时期区域差距的变化大小及转折时间点的认识并不一致，王小鲁和樊纲（2004）认为20世纪90年代是我国东西差距扩大的关键时期；世界银行研究报告认为我国东西差距扩大的时间节点为1990年，而刘靖宇和张宪平（2007）则认为中国区域经济差距扩大的重要时间转折点发生在1992年。进入21世纪，我国的区域发展战略目标明显地从效率优先开始转向协调发展，并且东部地区前期快速的发展也为协调战略目标的实施储备了一定的资本。第四阶段（2003年之后）我国区域发展战略集中体现为实施西部大开发战略、振兴东北老工业基地、中部崛起及加快东部地区发展的四大区域板块的协调发展。2012年之后，国际经济发展环境开始变得复杂，国内传统的区域治理模式变得失效，为了应对国内外发展局势的严峻变化，我国进一步开始实施强国战略，强调区域经济的高质量发展，区域战略实施路径上表现出推动区域经济增长与深化区域协调双路径推进的特点（刘秉镰等，2019）。

现有研究中关于区域差距的影响因素分析，主要涵盖自然要素禀赋、经济开放程度、地方保护、制度性以及政策性因素等方面。自然要素禀赋视角的研究认为，天然地理条件和历史等自然因素是中西部地区在发展中处于相对落后地位的重要原因（邵帅，2010；宋瑛，2014）。地区自然禀赋因素主要包括一个地区特有的地理区位、资源禀赋等自然发展条件。李兴江和褚清华（2004）认为，中国经济发展的东西差距有一定的历史必然性，自唐宋时期我国的东西发展差距就已经出现，到了明清时期东西发展差距更是达到了"湖广熟，天下足"的局面。区域地理位置、交通运输条件、通信设备优劣可以很大程度上解释省际经济增长的差距（Demurger，2001）。此外，我国广大的中西部地区非国有经济比重较小，历史文化传承中的商品市场意识和冒险精神相对较弱，以及资源环境保护等国土空间布局因素均在一定程度上阻碍了中西部地区的经济发展。

市场经济主导下的区域经济发展极大地受到地区开放程度与经济自由化水平的影响。经济全球化时期，有效参与国际分工，借助国际贸易发挥地区比较优势对区域经济发展具有重要影响作用。区域经济开放，破除贸易壁垒和要素流动障碍，通过市场竞争优化区域资源配置是地区经济发展的有效手段（Fujita，2001）。Brun 等（2002）研究发现经济全球化和贸易自由化正在显著地促进地区经济增长。然而，由于地区天然地理区位及政策制度的影响，地区间市场被不同程度的分割，地区参与经济全球化的程度也大为不同，最终导致有些区位优势较差的地区难以从经济全球化中享有较大的收益，从而扩大了地区发展差距。国际贸易水平和外商直接投资（FDI）比重较高的地区经济发展水平一般也比较高，而国际贸易和外商直接投资大多都集中在东部沿海地区，导致多数沿海地区利用天然的区位优势极大地融入了经济全球化当中。地区经济开放程度及全球化融入水平的一大直观表现是地区市场化程度大小。Xu（2002）认为由于制度壁垒的存在我国资源要素跨区域自由流动依旧存在障碍，我国尚未形成有效的劳动力与资本市场化协调机制。Yang（2002）发现，虽然政府正在不断推动要素市场的相关改革，但制约要素有效流动的各类障碍依然存在，如地方贸易壁垒与居民在享有教育、医疗及保险等社会福利上的差别待遇等。我国劳动力与资本的流动被极大的限制在地区内部，要素市场的扭曲是地区发展差距不容忽视的一大重要原因（Cai et al.，2002；Wei，2000）。

李兰冰（2020）认为地方保护是导致我国地区发展差距的另一大重要影响因素。我国地区间的行政壁垒和地方分割现象还比较突出，地方政府为追求地区经济利益的最大化竞争异常激烈（周业安和宋紫峰，2009）。吴群和李永乐（2010）发现，中国式的分权体制激励了地方政府用"扭曲之手"来攫取预算外财政收益。周业安（2014）认为，实现经济结构转型，不仅需要技术进步，更重要的是政策制度层面的改革与创新，想要有效激励地方政府破除地方保护主义，首先需要建立有效分权、地方政府良性竞争以及高效区域政府协同等创新导向的治理机制。

我国地区发展差距的演变历程一定程度上是伴随着区域发展战略调整的进程同步发生的。区域发展战略及相关区域发展政策的变化对地区发展差距的变动具有重要的影响。改革开放之前，我国高度集权的计划经济体制下，区域经济发展处在低水平的均衡发展状态。1978年改革开放以来，我国逐渐开始向市场经济体制转轨，与此同时区域发展战略也同步调整为以发挥地区优势，加快促进全国经济增长为目标的"非均衡"区域发展战略。改革开放政策的实施加上区域发展政策的调整，使本来就具有发展优势的东部沿海地区释放出极大的发展潜能，成长为我国经济发展的引领者。我国的地区发展战略指导下的相关区域发展政策是形成地区发展差距的重要原因，但也有学者认为在我国的地区发展差距形成过程中区域发展政策发挥的作用并不明显（刘夏明，2005）。

此外，还有学者认为地区发展差距具有一定的循环累积因果效应，初始较小的地区差距在市场力量的作用下会逐步累积扩大。由于空间地理上的天然优势导致初始时刻特定地区产业的发展快于其他地区，形成了产业集聚的规模优势，那么这一优势将进一步扩大，最终导致地区发展差距越来越大（Fujita，2001；Golley，2002）。

二　人力资本对地区发展差距影响研究

本小节首先分析了人力资本的概念内涵；其次对人力资本的不同测度方法进行对比评价；最后梳理总结人力资本对地区发展差距的影响研究。

（一）人力资本的内涵界定

Walsh（1935）率先使用人力资本的概念，将人力资本引入经济分析当中，从个人教育费用与收益之间的对比中探索教育的经济效益。Schults（1960）提出现代经济分析中人力资本的概念：人力资本是体现在人自身的知识、能力和健康，但是，Schults并未给出人力资本的明确定义。其后的经济学家在人力资本的研究中分别对人力资本的内涵给出了不同的理解。Lucas（1988）认为人力资本是指个人的一般技术水平，他从生产的角度来衡量人力资本，但并没有从本质上阐明人力资本的实际内涵。Becker（1964）将健康因素也考虑到人力资本当中，认为人力资本不仅意味着才干、知识与技术，而且还包括时间、健康和寿命等因素。国内学者关于人力资本的研究相对较晚，李建民（1999）从个体和群体的角度出发，分别对人力资本的概念进行了区分。个体角度的人力资本是指依附于人体，由个人后天获得的具有经济价值的知识、技术、能力和健康等质量因素的总和；而群体视角下的人力资本指存在于一个国家或地区所有个体之中的具有经济价值的知识、技术、能力及健康等质量因素的整合。王金营（2002）认为人力资本不仅指凝结在个体当中的知识、能力、健康等构成要素，还应该可以物化为商品及服务，并能够以此获得一定的经济收益。综合上述关于人力资本的定义，人力资本作为资本首先应该具备与物质资本相似的属性，即人力资本同样需要投资才能获得，并且人力资本不仅需要物质上的投入还需要一定的时间投入。此外，人力资本还具有区别于一般物质资本的特有属性：人力资本在给个体自身带来收益的同时，一定程度上也有利于提高其他要素的生产效率，即人力资本的外部性效益。据此，本书中将人力资本定义为，依附于个体之中的通过物质投入与时间投入而获得的知识、能力与健康，并以此可以让个体自身与社会其他生产要素获益的综合体。

（二）人力资本的测度方法

虽然人力资本对经济发展的重要性越来越被学术界所重视，但是采用何种方法可以全面精确地测度人力资本依旧是人力资本研究的一大难题。现有文献关于人力资本的测度依据研究对象的不同而不同，其中关于人力资本的测度使用比较广泛的指标是使用平均受教育年限或总体教育水平的阶段分布特征来刻画人力资本水平（蔡昉等，1999；胡鞍钢，2002）。还有部分学者基于不同水平人力资本收入水平的差异程度从收入角度测度人力资本的大小（朱平芳和徐大丰，2007；王德劲和向蓉美，2006；李海峥等，2013）。此外，还有学者从投资成本角度、人力资本特征加权指标等视角来测度人力资本水平的大小（Kendrick，1976；Eisner，1989；张帆，2000；周德禄，2005；岳书敬，2008）。上述不同的人力资本测度方法从不同的视角分析了我国人力资本的存量及其空间分布特征，但各类方法也有其局限性。例如，Kendrick（1976）的成本法虽然涵盖了人力资本投资方面的不同细节，提供了相对完整的人力资本相关成本清单，但是方法详尽的同时要求有庞大的相关数据作为支撑，是成本法分析人力资本的一大缺陷。

朱平芳和徐大丰（2007）基于改进的LIHK收入法，提出了单位人力资本的概念，并在适当的假设基础上构建了一个可实现的城市人力资本测算框架，以此为基础测度中国主要城市的人力资本水平，发现人力资本在我国各主要城市的空间分布极不均衡，并且随着时间的推移人力资本在城市间的差异还在进一步的扩大。李海峥等（2013）通过改进Jorgenson-Fraumeni收入法测度了我国代表性省市的人力资本水平，并对比分析了省级人力资本的空间分布现状及其变化趋势。

（三）人力资本对地区发展差距的影响研究

Romer（1986）和Lucas（1988）为代表的新经济增长理论率先将人力资本作为经济增长的内生变量，纳入经济增长的分析框架之中。国内外学者以此为基础，在人力资本对经济增长影响方面进一步做了深入的研究与发展。从人力资本对经济增长的作用机制角度出发，首先分析了人力资本作为投入要素对经济增长贡献的研究，并对人力资本的表现形式进行了细分，教育与健康投资作为人力资本指标开始受到学者的关注（Park，2006）。Barro（1996）首次将健康要素纳入人力资本的研究当中，发现健康人力资本初始水平的改善会促进后续的经济增长。随着研究的不断深入，学者发现完善人力资本结构较比其总量的扩大更有助于经济增长（魏立萍，

2005；郭庆旺和贾俊雪，2009；黄玖立和冼国明，2009）。其次，分析人力资本对全要素生产率的影响。Grossman（1991）发现，体现在劳动力身上的技术水平的差异程度会对一国或地区的创新活动带来影响，劳动者整体的技术水平越高，对经济增长的促进效应就会越强。技术水平较低的人力资本对全要素生产率的促进效应比较有限，而高水平的人力资本可以极大地促进全要素生产率的提升（Vandenbussche et al.，2006）。Acemoglu（1996）研究人力资本的外部性效应发现，人均人力资本水平的提高有利于企业物质资本和科技创新水平的提升，最终也会促进区域经济增长。此外，近年来伴随着空间经济学的兴起，人力资本外部性的研究有了新的空间视角和可实施的技术手段。

人力资本对地区发展差距影响的研究。作为解释经济增长动因之一的人力资本也经常被视为地区经济增长差距的根源（蔡昉和都阳，2000）。新古典经济增长理论研究表明，人力资本最终会导致区域经济增长实现条件趋同。而新经济增长理论则认为，地区人力资本的差异化会导致区域经济增长差距进一步扩大（Stamatakis and Petrakis，2006）。国内部分学者研究发现，地区人力资本的提升可以有效促进地区经济增长，并且人力资本可以在一定程度上解释地区发展差距（姚先国和张海峰，2008；葛小寒和陈凌，2010）。陈浩和薛声家（2004）发现我国西部地区人力资本对经济增长的贡献率要高于东部地区。此外，还有学者从教育角度考察了人力资本对地区发展差距的影响，陈钊等（2004）发现我国各省区高等教育的发展可以有效地缓解省际收入差距。燕安和黄武俊（2010）发现人力资本不平等会阻碍地区经济增长，并且人力资本对地区经济增长的影响效应在中西部落后地区表现得尤为明显。

三 城市生活质量对地区发展的影响研究

本小节首先介绍城市生活质量研究的发展历程，其次分析梳理城市生活质量对人力资本与地区发展影响的现有研究。

(一) 城市生活质量研究

Galbraith（1958）在《富裕社会》中首次提出生活质量（Quality of Life）的概念，随后众多的经济学、社会学研究学者开始关注对于生活质量的持续深入研究。Bauer（1966）将生活质量单独作为一项社会发展的指标内容，开启对生活质量的广泛且系统的研究。随着对生活质量研究的不断深入，学者越来越认为生活质量应该是一个多层面、多维度的综合指标，不同学科研究者对生活质量的内涵定义更是千差万别。基于不同地区经济发展水平的差异以及不同学者研究理念与方法的不同，最具代表性的生活质量研究方法包括主客观两个分析视角，即对居民生活条件的客观测度与关注人们生活的主观满意度。

城市经济学视角下的生活质量。关于生活质量的早期研究关注对象主要是居民个体，而在城市经济学视角下的生活质量在考虑个体生活满足感与幸福度的基础上，开始重点考虑城市生活质量对人口迁移、企业选址及区域经济增长的影响。随着社会经济发展水平的提高以及人们生活水平的提升，城市生活质量较高的地区往往更容易吸引高技术水平的产业及人才的集聚。城市经济学对生活质量的研究主要包括两个方面：一是关于城市生活质量的有效测度和科学量化，二是分析各类城市因素对城市生活质量的影响效应。现有研究中对生活质量的量化方法主要分为主客观两个维度：一是基于空间一般均衡理论的特征价格模型，即在要素空间均衡假设下，将城市生活质量模型化为房价、地租和工资的隐性价格（Roback，1982）。该空间一般均衡理论认为，人口通过迁移来提高生活质量，生活质量高的流入地的需求上升，最终表现为房价和地租的升值。因此，影响城市生活质量的特定因素的改善就有可能会刺激房价与地租的上升。然而，由于生活质量的价值缺乏一个客观的市场价格来衡量，该理论认为城市生活质量的价值包含在城市房价、地租与工资当中。通过可交易产品的价值推算生活质量的影子价格，其原理是生活质量内在影响了地租、工资和房价。Rosen（1979）率先使用空间均衡理论来测量城市生活质量，利用工资数据计算了不同都市区的生活质量指数，在控制其他影响区位选择的个体差异变量后，通过将实际工资对生活质量的指标回归得到生活质量的隐性价格，并对美国不同城市的生活质量做了比较分析。Roback（1982）将住房市场引入生活质量的隐含价格，认为城市生活质量主要反映在城市的工资和房价中。在此基础上，不同的学者对各地区城市生活质量分别进行测算，但具体采用的方程形式、研究尺度和选取的变量并不相同（Blomquist et al.，1988；Gyourko and Tracy，1991；Albouy，2009；周京奎，2009）。空间一般均衡模型之外另一种测度城市生活质量的方法则是根据生活质量概念的多维度来构建相应的测度指标体系，但在具体指标选取和权重赋予上难以形成科学有效的标准，最终测度的城市生活质量带有一定的主观性。

（二）城市生活质量对地区发展的影响研究

城市便利性理论认为，随着社会经济发展水平和人们收入水平的提升，城市生活的便捷性开始成为人力资本集聚的首要条件。具有高生活质量的城市会因为高水平人力资本的集聚而获得生产力水平的进一步提升；相反城市生活质量较低的地区会由于人力资本的丧失而进一步地走向衰退。Glaeser（2001）发现城市的消费功能正在变得越来越重要，具有高生活质量、高消费便捷性的城市的地租增长程度远远高于城市工资的增长水平，表明人们对城市生活质量的需求开始高于对高工资的要求，未来城市的增长将会越来越依靠城市的生活质量是否能够满足人们特别是人力资本对美好生活的需求。

由于工业组织与生产的本身特点，早期的工业区位论中，劳动力、原材料及运输成本是企业选址的重要决定因素（Weber，1909）。但是，随着经济技术水平的发展，交通基础设施建设的完善，贸易品运输成本不断降低（Glaeser and Kohlhase，2004），以及后工业化社会的来临，各类新经济业态及组织形式不断涌现，企业在选址中将逐步摆脱传统区位要素的束缚，而越发受到城市生活质量的影响。技术专家与高水平的人力资本是高技术创新企业的核心要素，Gottlieb（1994）认为，高技术专家倾向于选择具有较高生活质量与对精英友好的发展环境。不同产业发展的环境需求并不相同，对城市生活的重视程度也存在差异，但是从产业整体发展趋势来看，经济因素在产业发展中虽然依旧重要，但随着技术进步和经济发展质量的提升，产业发展对消费市场的需求正在变得越来越重要。

随着经济发展水平的提升，城市生活质量对人口迁移的影响变得越来越重要，即生活质量好的地区更容易吸引人口流入并促进该地区的经济增长（Massey et al.，1987；Glaeser and Tobio，2008）。此外，城市生活质量和其他经济因素对个人区位选择的相对重要性还取决于迁移者的个体属性，不同类别人群受年龄、职业、收入、文化及信仰等因素的影响对城市生活质量重视的程度并不相同。例如，年轻的迁移者相对会更重视就业机会。此外，个体在考虑城市生活质量时还会受到家庭的影响，结婚、孩子的出生、成长及教育等因素均会对个体对城市生活质量的认知产生影响。

第三节　相关研究评述

关于区域差距的内涵与测度。我国现有区域差距的研究主要包括国家层面、四大板块层面以及省级层面，较少涉及地级市层面。城市作为区域经济发展的基本单元，在现有区域差距研究中的被重视程度还远远不够。此外，现有关于各类空间层面的区域差距的测度，主要都是基于下一级空间层面内部及其之间的差异，然后通过加权得到关于区域差距的个体指标。例如，省级层面的区域差距研究一般只关注省份之间以及省份内部的整体性差距，而忽视了不同省份间及其内部差距的异质性。这一整体性的差距指标虽然是以内部个体间差距比较为基础得到的，但是其忽略了内部主体之间空间距离对个体间差距的影响。因此，本书考虑将区域差距的空间维度推向更精细化的城市层面,并进一步地将城市发展差距细分为城市内部差距与城市间差距,既弥补了现有区域差距研究中关于城市维度分析的不足,同时城市间差距研究又保障了区域差距所体现的"区际联系"的内涵。而关于区域差距的形成原因及影响因素分析中,现有研究关于区域差距的形成原因大多都聚焦在某一特定的因素上面,对区域差距影响因素的系统性分析还比较欠缺。现实区域经济发展过程中,各类影响地区发展差距的因素并非独立存在的,影响因素之间往往相互关联,现实区域差距是由各类不同的因素综合作用导致的结果。

人力资本的相关研究受我国劳动力受教育年限数据可得性的限制,多数研究的维度也只能受限于省级及以上维度。由于城市生活质量聚焦于城市维度,导致与此相对应的人力资本的分析也客观要求精准到城市维度。据此,本书尝试借鉴朱平芳和徐大丰(2007)对中国人力资本的估算方法,将人力资本的研究也细化到城市层面。从人力资本与区域经济增长收敛性的关系来看,结合国内外研究可以发现,初始人力资本禀赋水平对地区经济增长的影响效应越来越大,即人力资本是实现地区经济增长与缩小地区经济发展差距的关键因素。本研究在现有研究的基础上,首先完成对我国城市人力资本的测度,并以此为基础,进一步地探寻人力资本对区域经济增长,以及人力资本对缓解区域差距的影响效应。通过区分人力资本存量与人均人力资本对城市内部差距与城市间差距影响的异质性,力争为政府对落后地区人力资本投资政策提供理论指导,帮助落后地区摆脱经济增长乏力的现实困境。

现有城市生活质量的研究中,对于城市生活质量的有效量化与测度是城市生活质量研究的一大难题。Albouy(2009)基于空间一般均衡框架(Rosen,1979;Roback,1982)为以城市工资与房价资本化测度城市生活质量提供了很好的理论框架。但现实微观数据不可得为城市生活质量的测度带来了极大的挑战。Albouy(2009)采用 2000 年美国城市 5% 样本的微观普查数据(2000 Integrated

Public Use Microdata Series—IPUMS）估计城市工资与房价的变动率。该方法对工资与房价变动率估计的优势是可以有效控制微观个体因素的影响，但是，不足之处是家庭住房与工资微观数据的获得比较困难，并且由于微观数据的限制该方法仅得到2000年截面的美国城市生活质量数据。国内从经济学视角分析城市生活质量的研究目前还比较欠缺，对城市生活质量量化的研究也主要是基于主观满意度评价等综合指标来进行主观打分。也有部分国内学者采用我国2005年1%人口抽样调查微观数据测算了我国的城市生活质量，但这一截面数据难以用于后续年份城市生活质量的实证研究当中。为了实现对我国城市生活质量的客观量化，本书在Albouy（2009）研究的基础上借鉴南开大学中国区域经济应用实验室（China REAL）城市发展指数体系中的城市生活质量指数的构造方法，将城市工资与房价的变化率简化表述为相应变量单个城市均价对所有城市均价的对数差。这一替代方法虽然难以剔除城市内微观个体影响的干扰，但是，在缺乏微观个体数据的情况下，使用该方法来测度我国的城市生活质量依然具有一定的现实价值。此外，由于城市生活质量的量化困难间接地导致了现有研究中基于城市生活质量的视角分析地区发展差距的研究基本缺失。考虑到我国经济步入高质量发展阶段，人们对美好生活的需求越发强烈，城市生活质量在未来城市发展中的作用变得越来越重要。基于此，本书以城市生活质量的量化测度为基础，并借助人力资本这一桥梁，构建了城市生活质量→人力资本→地区发展差距的理论分析框架，为地区发展差距的研究增加了新的分析视角。

第三章 城市生活质量、人力资本与地区发展差距特征事实

本章内容分别是关于本书三个核心研究对象城市生活质量、人力资本与地区发展差距的测度与评价。首先，基于空间均衡模型，借鉴 Albouy（2009）的分析框架对我国的城市生活质量水平进行测度，并以此为基础分析我国城市生活质量的空间分布及变化趋势。其次，基于 LIHK 收入法并借鉴朱平芳和徐大丰（2007）对 LIHK 收入法的改进测算我国城市人力资本水平，并对我国城市人力资本集聚现状进行分析。最后，在测度分析我国的省级层面地区发展差距的基础上，基于 NPP-VIIRS 夜间灯光数据分别测度我国城市间及城市内部的发展差距，并对我国城市发展差距的特征事实进行深入分析，为后文的实证检验奠定研究基础。

第一节 城市生活质量的测度及评价

现有研究中对城市生活质量的量化方法主要基于主客观两种不同的角度：一是基于空间一般均衡理论框架来测算城市生活质量的隐性价格。Rosen（1979）和 Roback（1982）提出在空间一般均衡框架下的特征价格模型，在动态空间一般均衡假设前提下，通过城市房价、地租与工资可以有效估算城市生活质量的资本化价值。二是基于多维度城市经济、生活及社会相关指标对城市生活质量进行综合评价。第一种方法以空间一般均衡为理论基础，得到的城市生

活质量相对更加客观，但是，模型对市场化环境以及劳动力空间自由流动的相关假设前提比较严格，并且实际测度中对城市微观数据的精细化要求也比较高。第二种综合指标体系测度法相对比较简单，但是在指标选取和权重赋予上具有较大的主观性，导致最终得到的城市生活质量受指标及其权重选择的影响较大，难以形成科学统一的城市生活质量测度标准。综合来看，本书选择空间一般均衡理论基础下的城市生活质量测度方法，以Albouy（2009）关于城市生活质量的研究为基础，在具体测度过程中借鉴了南开大学中国区域经济应用实验室[①]（China REAL）城市发展指数体系中城市生活质量指数的构造方法，完成对我国各个城市历年城市生活质量的测度。

一 城市便捷性理论的空间均衡模型

城市特有的自然条件、基础设施与特殊的政策制度共同塑造了城市特有的便捷性特征。例如，基础设施的便捷性带来消费的便利性，增加了家庭福利及生活质量的提升，而生产性的便利设施可以降低企业生产成本，提高企业生产效率。价格作为经济活动的指向标，不同地区城市便捷性特征的差异主要反映在地租、房价与工资的差异上面（Albouy，2009）。首先，Ricardo（1817）率先解释了不同地区土地生产力的差异是如何转化为地租差异的。George（1879）、Tiebot（1956）、Arnott & Stiglitz（1979）等学者进一步解释了地区自然条件及政策制度等因素如何被资本化为土地租金的。其次，由于住房服务本身是由当地土地和其他投入物生产的，因此地区便捷性的价值还反映在地区房价上面。最后，在不同地区，城市便捷性价值还体现在当地的工资当中。因为，享有较为便利的消费设施与好的生活环境可以作为对就业者较低工资的一种补偿，导致企业在有消费便利性设施的地区可以选择支付相对较少的劳

[①] http://www.nku-chinareal.nankai.edu.cn/；南开大学中国区域经济应用实验室，China REAL：China Regional Economics Application Laboratory。

动成本。

Rosen（1979）与 Roback（1980，1982）建立了一个包含三个方程的一般均衡模型，用来解释价格是如何随着城市便捷舒适程度的变化而变化的，为后续城市便捷性及城市生活质量的研究与量化奠定了理论基础。Albouy（2009）在该研究框架的基础上，将收入税引入模型中，并进一步区分了城市便捷性对地租价格与住房价格影响的异质性[①]。

本书基于 Albouy（2009）的分析框架：(1) 假设居民可以在不同城市间自由流动，代表性城市用 i 表示。城市内家庭消费的商品包含可贸易性商品 x 与不可贸易性商品 y，并且为后文分析方便，选择以可贸易性商品作为计价物，即可贸易性商品 x 的价格为 1，而不可贸易的当地商品价格为 p^i。[②] (2) 城市的便捷性差异化特征包含三个方面：城市生活质量 Q^i、可贸易品的生产效率 A_X^i（trade-productivity）与不可贸易品（当地消费品）的生产效率 A_Y^i（home-productivity），三者都是由一系列代表城市特定特征的因素 $Z^i = (Z_1^i, \cdots, Z_k^i)$ 决定的。例如，城市温和的气候特征有利于城市生活质量的提高；城市距离港口较近将会提升可贸易品的生产效率，而城市拥有较好的地理优势或具有较弱的土地利用约束将会促进当地消费品的生产效率。

城市内的企业分为可贸易品生产部门与非贸易品（当地消费品）生产部门，两类企业投入的要素包括劳动力 N、土地 L 和资本 K。城市内部要素是自由流动的，并且在两类生产企业要素报酬是相同的。城市 i 的土地供应固定为 L^i，土地租金为 r^i。资本在全社会是自由流动的，资本利率为 ζ，城市 i 的资本拥有量为 K^i。城市劳

[①] 利用对偶理论，Roback（1982）在一个三方程模型中证明了工资、土地租金和住房成本对当地舒适性价值的依赖性，其中劳动力和资本在一般均衡环境中是流动的。然而，在实际应用中，Albouy 之前的多数研究假设住房与地租是等价的，即工资、土地租金和住房成本的三方程模型简化为工资和住房成本的两方程模型。

[②] 城市内不可贸易性商品是指由城市自身特征带来的仅可用于在当地消费的商品，现实应用中当地不可贸易品的价格 p^i 一般用当地的住房成本表示。

动力是可以跨城市自由流动的,城市 i 的劳动力数量为 N^i,工资水平为 ω^i。居民的总收入包括工资性收入和其他经营性收入,且经营性收入并不受地区限制,即税前总收入 $m^i = \omega^i + I$,居民收入税的税率为 $\tau(m)$。

(一) 消费者最优条件

居民的偏好由效用函数 $U(x, y; Q)$ 决定,效用函数对消费品 x、y 是拟凹的,并且对生活质量 Q 是递增的。消费者效用最大化,即固定效用水平下的支出最小化条件为:$e(p^i, u; Q^i) \equiv \min_{x,y}\{x + p^i y : U(x, y; Q^i) \geq u\}$。假设 Q^i 在效用函数中是希克斯中性的,进而支出函数可以标准化为式(3.1):

$$e(p^i, u; Q^i) = e(p^i, u; 1)/Q^i = e(p^i, u)/Q^i \tag{3.1}$$

由于居民是自由流动的,均衡时每个城市的居民效用水平必须相同,即均衡状态下享有高城市生活质量的地区需要以相对较高的价格作为补偿,以实现居民空间的一般均衡。空间均衡状态下,居民净支出水平为 0,即式 (3.2)。

$$e(p^i, \bar{u})/Q^i = m^i - \tau(m^i) \tag{3.2}$$

(二) 厂商最优化条件

在完全竞争条件下,厂商生产可贸易品与非贸易品的生产函数为:

$$X^i = F_X^i(L_X^i, N_X^i, K_X^i; A_X^i) \tag{3.3}$$

$$Y^i = F_Y^i(L_Y^i, N_Y^i, K_Y^i; A_Y^i) \tag{3.4}$$

其中,生产函数 F_X、F_Y 是凹函数,对生产率 A_X^i、A_Y^i 是希克斯中性的,并且是规模报酬不变的。假设城市内所有生产要素禀赋均投入生产,则有式(3.5)。

$$L_X^i + L_Y^i = L^i, \quad N_X^i + N_Y^i = N^i, \quad K_X^i + K_Y^i = K^i \tag{3.5}$$

可贸易品单位产品厂商成本最小化条件为式 (3.6):

$$c_X(r^i, \omega^i, \zeta; A_X^i) \equiv \min_{L,N,K}[rL_X^i + \omega N_X^i + \zeta K_X^i : A_X^i F(L_X^i, N_X^i, K_X^i) = 1] \tag{3.6}$$

同样利用希克斯中性技术可以得到式 (3.7):

$$c_X(r^i, \omega^i, \zeta; A_X^i) = c_X(r^i, \omega^i, \zeta)/A_X^i \tag{3.7}$$

由于厂商是完全竞争的,均衡时厂商的利润为0,因此给定产品价格,高生产率的企业需要相应的支付高工资和高租金。可贸易品厂商在空间均衡时,边际成本等于可贸易品价格,结合式(3.7)可得:

$$c_X(r^i, \omega^i, \zeta)/A_X^i = 1 \tag{3.8}$$

同理,非贸易品厂商空间均衡的条件满足式(3.9):

$$c_Y(r^i, \omega^i, \zeta)/A_Y^i = p^i \tag{3.9}$$

(三)空间均衡状态下的价格与城市便捷性三方程模型

城市生活质量与工资、非贸易品价格的关系

首先,定义变量 z 的变动率 $\hat{z} = \dfrac{dz}{z}$,$\widehat{a/b} = \hat{a} - \hat{b}$,$\widehat{ab} = \hat{a} + \hat{b}$。对消费者空间均衡状态下的最优条件式(3.2)两端求解变动率可得:

$$e(\widehat{p^i, \bar{u}}) - \hat{Q}^i = \frac{d[\omega^i + I - \tau(\omega^i)]}{m^i - \tau(m^i)} \tag{3.10}$$

根据 Shepard 引理:$\dfrac{\partial e}{\partial p^i} = y$,即 $e(\widehat{p^i, \bar{u}}) = \dfrac{de(p^i, \bar{u})}{e(p^i, \bar{u})} = \dfrac{\dfrac{\partial e}{\partial p^i} \times dp^i}{e(p^i, \bar{u})} = \dfrac{y \times dp^i}{e(p^i, \bar{u})} \tag{3.11}$

结合式(3.10)与式(3.11)可得:

$$\frac{y \times dp^i}{e(p^i, \bar{u})} - \hat{Q}^i = \frac{d(\omega^i) - \tau' d(\omega^i)}{m^i - \tau(m^i)} = \frac{(1-\tau')\dfrac{d(\omega^i)}{\omega^i}\omega^i}{m^i - \tau(m^i)}$$

$$= (1-\tau')\frac{\omega^i}{m^i - \tau(m^i)}\hat{\omega}^i \tag{3.12}$$

$$\hat{Q}^i = -(1-\tau')\frac{\omega^i}{m^i - \tau(m^i)}\hat{\omega}^i + \frac{y * p^i}{e(p^i, \bar{u})}\hat{p}^i \tag{3.13}$$

令居民用于可贸易品与非贸易品的支出份额分别为 $s_x^i = \dfrac{x^i}{e(p^i, \bar{u})}$、$s_y^i = \dfrac{p^i y^i}{e(p^i, \bar{u})}$,居民可支配收入中工资性收入份额 $s_\omega^i =$

$\dfrac{\omega^i}{m^i-\tau(m^i)}$,进一步得到城市生活质量与工资、房价及相关支出份额参数的关系式如下:

$$\hat{Q}^i = -(1-\tau')s_\omega \hat{\omega}^i + s_y \hat{p}^i \tag{3.14}$$

式(3.14)表示城市生活质量是由城市内非贸易品消费支出与相应的工资收入共同决定的,并且根据 Albouy(2009),在空间均衡条件下,式(3.14)表示代表性城市在均衡状态附近的一阶近似值,因此相关的支出份额参数 s_x^i、s_y^i、s_ω^i 可以用全国平均值 s_x、s_y、s_ω 进行替代。

同理,根据贸易品的空间均衡条件式(3.8)与非贸易品均衡条件式(3.9)可得到城市贸易品生产率与非贸易品生产率的隐性价格为式(3.15)与式(3.16),详细的证明见附录A。

$$\hat{A}_X^i = \theta_N \hat{\omega}^i + \theta_L \hat{r}^i \tag{3.15}$$

$$\hat{A}_Y^i = \varphi_N \hat{\omega}^i + \varphi_L \hat{r}^i - \hat{p}^i \tag{3.16}$$

式(3.14)至式(3.16)即为 Albouy(2009)空间均衡下的三个方程模型,均衡条件表明,城市便利设施的相对价值是由家庭和企业对城市所有便利设施的隐性支付意愿来衡量的。如果可以获得城市间工资、住房成本和地租差异的准确数据,以及国家层面相关的经济参数,则可以得到城市便利设施带来的城市生活质量与企业生产率的相关估计。

由于现实应用中城市地租相关的数据难以获得,但根据式(3.14)城市生活质量依旧可以估计,而企业生产效率却无法有效估计[1]。据此,下文主要测算城市便利性带来的城市生活质量的变化,为方便计算,进一步对式(3.14)进行对数线性化处理。借鉴 Ablouy(2009)将变量变化率用对数形式表示,即 $\hat{z}=\ln z - \ln \bar{z}$。因此,式(3.14)进一步对数线性化处理可得:

---

[1] Roback(1982)等研究中将城市地租直接等价于住房成本,从而将三方程模型简化为两方程模型。而 Ablouy(2009)则通过假设 $\hat{A}_Y^i = 0$,进而得到城市地租变化 $\hat{r}^i$ 的简化处理。

$$\hat{Q}^i = ln \frac{(p^i/\overline{p})^{s_y}}{(\omega^i/\overline{\omega})^{(1-\tau')s_\omega}} \qquad (3.17)$$

二 城市生活质量的测度

根据式（3.17）城市生活质量的测算公式，想要得到城市生活质量首先需要对参数 s_ω 和 s_y 进行估计。s_ω 表示居民工资性收入占可支配收入的比例，s_y 表示居民非贸易品支出的比例。由于城市的非贸易品可进一步区分为住房商品与非住房商品，因此，非贸易品支出比例中包含居民住房成本支出比例与额外的非住房商品的消费比例。由于城市非住房商品的价格无法全部观测得到，根据 Albouy（2008）、Moretti（2008）、Shapiro（2006）的研究，城市间非住房成本差异可以使用城市间住房成本的差异来进行估算，借鉴南开大学中国区域经济应用实验室（China REAL）城市发展指数体系中城市生活质量指数的处理方法，下文使用各省份 2013—2018 年的城市居民消费支出分类中的居住消费与其他非住房商品消费[①]的数据对参数 b 进行估计，估计结果见附表 B1。根据估计得到的参数 b 可得 $s_y = s_{hous} + s_{oth} \times 0.82$。

由于 2013 年国家统计局对居民收支与生活状况调查的统计方法及口径开始发生变化[②]，本书选取《中国统计年鉴》（2020）中公布的 2013—2018 年城镇居民人均收支情况数据计算得到历年 s_ω、s_y 的结果见附表 B2。

根据 2013—2018 年我国城镇就业人员工资数据，统一取对应的平均边际税率为 10%，即 $\tau' = 0.1$。

根据式（3.17）及相关的估计参数结合我国各城市 2013—2018 年房价及工资数据，测算得到的历年城市生活质量数据及排名的完整数据见附表 C1。其中，我国各城市工资数据来自历年《中国城市

[①] 其他非住房消费为非贸易支出中除了居住类之外的其他商品，包括交通、医疗与教育。
[②] 自 2013 年起，国家统计局开展城乡一体化住户收支与生活状况调查，与 2013 年之前分城镇和农村住户调查的调查范围、调查方法、指标口径有所不同。

统计年鉴》，城市房价数据是由安居客网站①收集整理得到的，并且使用司尔亚司数据信息有限公司（CEIC）数据库提供的中国各城市商品房销售价格数据做补充检验。

为避免由于城市房价数据来源的差异导致对城市生活质量测度的影响，下文首先对 CEIC 数据库中国城市商品房销售价格与安居客网站中国城市房价数据测度的城市生活质量进行相关性分析。图 3.1 显示，CEIC 商品房价格与安居客房价得到的城市生活质量指数是高度正相关的，相关系数达到 0.82，并且这一正相关性具有较高的显著性。

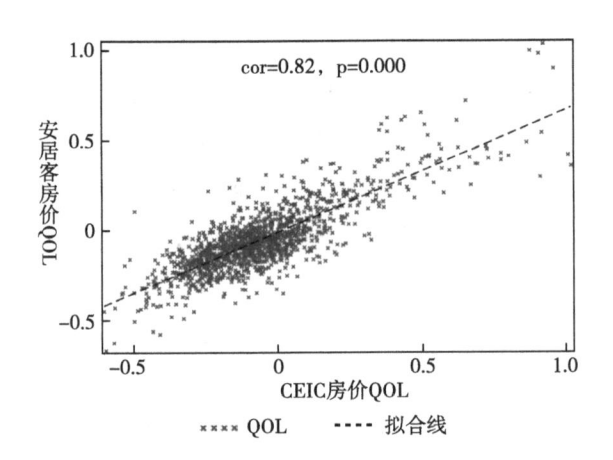

图 3.1　CEIC 商品房价格与安居客房价下 QOL 的相关性

资料来源：作者测算。

三　我国城市生活质量的现状特征

（一）我国城市生活质量的整体现状及空间分布格局

根据上文测算的 2013—2018 年我国各个城市的生活质量数据，进一步分析我国城市生活质量的整体变化趋势及其区域空间分布格局见图 3.2。

---

① https://www.anjuke.com/fangjia.

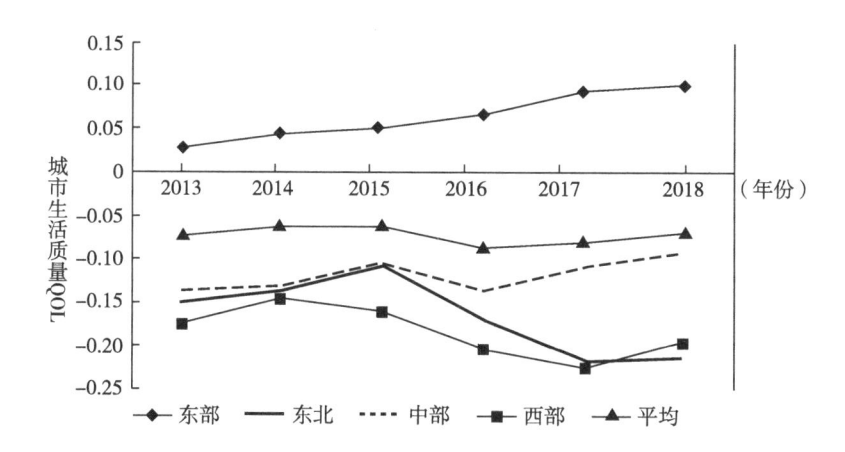

第三章　城市生活质量、人力资本与地区发展差距特征事实 | 53

图 3.2　2013—2018 年我国四大板块城市生活质量变化趋势

资料来源：作者测算。

（1）整体上看，我国城市生活质量的空间分布格局大概可划分为三层结构：遥遥领先的东部地区，不断追赶的中部地区以及下滑严重的东北与西部地区。（2）我国东部地区的城市生活质量远高于中西部及东北地区，并且东部地区的城市生活质量的增长趋势也大于其他地区，导致我国东部发达地区的城市生活质量与其他三个地区之间的差距逐渐拉大。（3）2015 年之前中部地区与东北地区的城市生活质量基本保持一致，并且处在稳步增长当中；但是由于近年来东北地区发展的日益衰落，2015 年之后东北地区的城市生活质量出现断崖式下滑，逐渐拉开了与"往日兄弟"中部地区之间的差距。2018 年东北地区的城市生活质量甚至已经落后于西部地区，而中部地区的城市生活质量却在短暂下滑之后奋起直追，逐渐向全国平均水平靠近。（4）我国城市生活质量的平均水平基本保持平稳。除在 2015—2017 年我国整体城市生活质量有所下降之外，其他年份人们的城市生活质量均在稳步提升。

进一步考察我国沿海地区与内陆地区城市生活质量的变化趋势特征。图 3.3 显示，我国沿海地区的城市生活质量水平不仅远高于内陆地区，而且沿海地区的城市生活质量具有更高的增长趋势。相反，内陆地区的城市生活质量增长潜力并不充分，2015年之前良好增长之后陷入了短期的下滑，随后步入缓慢增长阶段。我国沿海地区城市生活质量远远高于内陆地区与全国平均水平：一方面是由于沿海地区具有舒适宜人的自然环境，生态优美、气候温暖湿润，自然地理优势天然打造了沿海城市更高的生活质量。另一方面是沿海还具有得天独厚的经济发展地理优势，海洋是一条大自然赠予的高效"贸易通道"，使沿海城市可以更好地融入国际贸易分工体系，更容易接收国际市场的信息、技术与资源，导致沿海城市的发展大大领先于内陆地区。发展水平较高的城市往往更有经济实力打造高水平的城市生活质量。因此，自然地理优势与经济地理优势共同导致了沿海城市享有较高的生活质量。

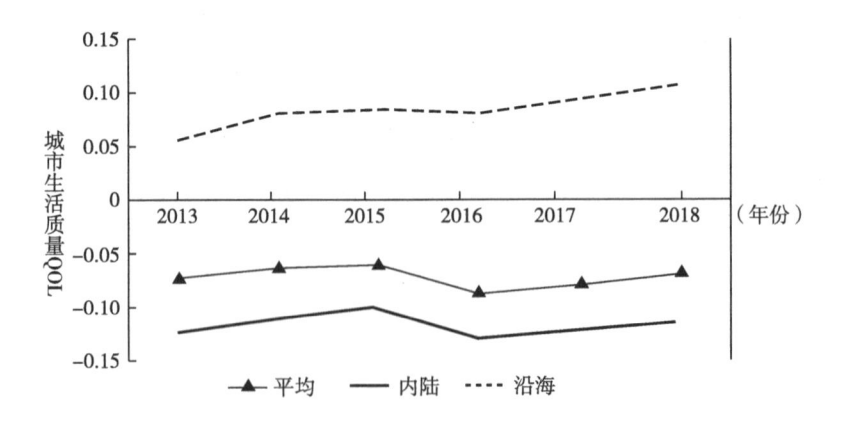

图3.3　2013—2018年我国内陆/沿海地区城市生活质量变化趋势

资料来源：作者测算。

（二）我国主要城市的生活质量现状

表3.1列出了2018年我国城市生活质量排名前50的城市。综合来看，我国的城市生活质量主要受地理区位与发展水平两大因素的影响。我国城市生活质量排名前50的城市中要么具有经济发展条件优势，要么具有自然环境优势，而根据前文分析，自然地理环境

优势又极有可能会发展成为经济地理优势,因此较高城市生活质量的地区往往同时兼具自然环境优势与经济发展优势。2018年城市生活质量最高的前5大城市分别为厦门、深圳、北京、上海与福州。其中深圳、北京与上海是处在我国发展质量最顶端的一线城市,而厦门与福州虽然城市发展水平相对弱于国内四大一线城市,但这两大城市却享有独特的天然环境优势,舒适宜人的自然条件使厦门与福州具有较高的城市生活质量。进一步分地区比较发现,城市生活质量排名前50的城市中,东部地区占比达到78%,并且排名前17的城市均为东部地区城市。中部地区共有7个城市的城市生活质量进入全国前50,其中排名前两位的分别是中部地区的区域中心城市武汉与郑州,其他5个城市分别为合肥、宜昌、南昌、太原与芜湖。城市生活质量排名前50的西部城市仅有4个,分别是昆明、成都、重庆与呼和浩特。分省区而言,我国城市生活质量排名前50的城市中,东部沿海地区浙江与江苏两省分别有7个城市入选,并列为最多城市入选的省份。广东与福建分别有6个城市入选,山东与河北分别有5个城市入选,其他省份的入选城市数量均未超过两个。

表3.1 　　　2018年我国城市生活质量排名前50的城市

城市	QOL 指数	城市	QOL 指数
厦门	0.825295	汕头	0.331304
深圳	0.792072	天津	0.329413
北京	0.699619	东莞	0.313541
上海	0.615394	青岛	0.307363
福州	0.512433	石家庄	0.304159
广州	0.501183	莆田	0.303756
杭州	0.461762	宁波	0.287228
南京	0.417793	武汉	0.284714
珠海	0.388508	济南	0.267431
温州	0.377894	金华	0.249344

续表

城市	QOL 指数	城市	QOL 指数
绍兴	0.236887	邯郸	0.13214
苏州	0.226945	昆明	0.131696
台州	0.200731	威海	0.129767
泰安	0.188836	成都	0.120821
保定	0.188541	南通	0.113685
泉州	0.186332	南昌	0.113161
舟山	0.185979	太原	0.112737
郑州	0.183896	常州	0.111921
扬州	0.169855	重庆	0.111257
廊坊	0.166476	呼和浩特	0.107599
漳州	0.162092	泰州	0.095544
合肥	0.15837	芜湖	0.094846
宜昌	0.152475	聊城	0.088708
中山	0.146072	张家口	0.084453
龙岩	0.139765	徐州	0.083805

资料来源：作者测算。

第二节 我国城市人力资本的测度及其特征事实

人力资本一般被认为是附着在劳动者身上的知识、能力与基本技能，并通过劳动者具体展现出来的生产技术。由于新古典经济增长理论无法有效解释长期经济增长的来源与地区发展差距的现实，Lucas（1988）对造成不同国家或地区收入及增长率差异的影响因素进行了系统的研究，发现新古典经济增长理论中影响经济发展的因素对国家间人均收入与增长率差异的解释能力非常有限，进而提出需要将人力资本引入经济增长的研究框架中。将人力资本内生化为经济增长的影响因素后，经济增长理论对国家间的经济差距现状及增长率差异的解释力大大增强。国家或地区间人力资本水平的差异为国家或地区发展差距提供了一个非常有说服力的理论解释。新经济增长理论之后，人力资本对经济增长及地区发展差距的影响研究开始被重视起来。然而，虽然人力资本为经济增长和地区发展差距的形成提供了很好的解释，但是现实研究中对人力资本的有效量化却极为困难，寻求科学合理的人力资本测度方法给人力资本影响经济增长的相关实证研究带来了一大挑战。

一 人力资本存量的测度方法

城市是人力资本的重要集聚地，城市的形成与发展过程始终离不开人力资本的贡献。因此，城市富含有大量有效的人力资本信息，城市层面是研究人力资本的理想场所。城市人力资本是本书的重要研究对象，考虑到我国城市人力资本估算存在的困难，本书在对比分析不同的人力资本估算方法的基础上，选择借鉴朱平芳和徐大丰（2007）改进后的LIHK收入法对我国的城市人力资本水平进行估算，并以此为基础对比分析我国城市人力资本的空间分布及变化趋势。

人力资本的估算方法主要可以分为两个不同的研究视角：一个角度是将人力资本作为一种特殊的资源，与物质资本的积累相似，人力资本也是通过积累形成的；另一个角度则是基于人力资本的贡献视角，认为不同个体工资收入的差异中包含有个体人力资本差异的信息，高人力资本个体往往有较高的工资收入。因此，个体不同的工资收入水平恰好反映了个体人力资本水平的差异，工资收入的相对差异一定程度上可以反映出人力资本水平的相对差异。

（一）人力资本积累视角——教育年限法

从人力资本的积累过程来看，已有大量研究认为，教育（家庭教育与学校教育）、干中学是人力资本积累的主要途径。Barro 和 Lee（1993）提出用人们的受教育程度来对人力资本进行估算，受教育年限不同的人往往具有不同的人力资本水平，并且个体受教育年限的多少反映了个体人力资本水平的高低。一个经济体中的人力资本 H 可以表示为经济体中所有劳动力受教育年限的加权加总：
$H = \sum_j h_j L_j = \sum_j e^{\varphi}(E_j) L_j$

其中 h_j、E_j、L_j 分别表示经济体 j 的人均人力资本、受教育年限及劳动力数量。教育年限法虽然仅考虑了教育对人力资本的积累作用，忽视了其他人力资本积累的方式，但是由于其在经验研究中简单、易操作而被研究者广泛采用。

（二）LIHK 收入法

Casey 和 Xavier（1995）提出 LIHK（Labor-Income-Based Human Capital）收入法，通过使用劳动力教育与收入相结合的方法来测算人力资本。LIHK 收入法同样认为教育是人力资本积累的有效途径，以没有受过正式教育的劳动者所拥有的人力资本为单位人力资本，并且这一单位人力资本水平不会随着地区的差异与时间的差异而变化。未受过正式教育的劳动力的人力资本水平作为人力资本的基本计量单位，那么经济体内其他劳动力的人力资本水平就可以通过单位人力资本来进行衡量并可以实现加总处理，而经济体加总后的人力资本即为经济体的人力资本总量水平。由于单位人力资本水平不会随着地区的差异与时间的差异而变化，因此 LIHK 收入方法计算得到的人力资本可以实现不同地区以及不同时间人力资本水平的比较。

由于工资不仅受人力资本水平的影响，还受到物质资本、技术水平等劳动力之外的其他投入要素的影响。因此，虽然单位人力资本不会随着地区的差异与时间的差异而变化，但这并不意味着单位人力资本在不同地区及不同时期的工资水平也必然会保持一致。即不同地区及不同时期，人力资本水平相同的劳动者所获得的工资收入也会有差异。但是对于处在同一地区和同一时期的劳动者，工资水平的差异就代表了人力资本水平的差异。因此，LIHK 方法计算城市人力资本，首先需要估算出城市单位人力资本所能获得的工资收入。对于单位人力资本工资的确定主要有两种方法：一是直接从劳动者工资数据中筛选出未受过教育的劳动力的工资，并以此作为单位人力资本工资标准；二是采用 Mincer（1974）回归方程，对各地区劳动力工资数据与教育水平进行回归,并取其常数项作为未受过教育劳动力(单位人力资本)在该地区的工资水平。其次,通过将其他劳动者的实际工资与单位人力资本的工资水平比较就可以估算出其他劳动者的人力资本水平。最后,对所有劳动者的人力资本水平加总便得到城市人力资本的总量。

以上两种关于人力资本估算的方法中可以看出,经济体人力资本的估算要解决的关键问题是如何将异质型劳动者的人力资本水平进行加总的问题。教育年限法认为,劳动者的异质型主要体现在受教育年限的不同上,利用受教育年限回报的不同可以实现对劳动者人力资本水平的有效折算,从而可以解决劳动者人力资本的异质性问题。而LIHK法则是通过单位人力资本的假设,通过一般劳动力的工资水平与单位人力资本效率工资的比较,可以将劳动力人力资本水平用单位人力资本来表示。

二 我国城市人力资本存量的测度

对于中国城市人力资本的估算而言,中国目前并没有完整地提供各城市劳动力受教育年限及工资的统计数据。此外,由于城市间庞大的劳动力的流动,用各城市关于人口的统计资料来替代劳动力资料是不恰当的。因此,对中国城市人力资本的估算不仅要考虑估算方法的问题,而且还要考虑估算方法的可实现性问题。为了在现行统计资料约束下,使我国城市人力资本的估算变得可行,进一步借鉴朱平芳、徐大丰(2007)对LIHK方法的改进。

假设生产函数为C—D生产函数,满足新古典生产函数的基本假定。生产投入要素为物质资本 K 和附着在劳动力上的人力资本 H,生产技术 A 是 Harrod 中性的。具体而言,生产函数表示为 $Y=K^{1-\beta}(AH)^{\beta}$,经济体中的人力资本总量 H 与劳动力总量 L 之间满足 $H=hL$,其中,h 表示人力资本平均拥有量。

根据要素报酬等于要素边际生产力的最优条件,劳动者的工资取决于劳动力的边际生产力水平,即工资由下式决定:

$$\omega(h)=\beta k^{1-\beta}(Ah)^{\beta} \quad (3.18)$$

其中，k 为人均物质资本存量。不同经济体中劳动力工资水平的差异是由人均物质资本量、技术水平及人力资本量的差异造成的。假设单位人力资本的劳动者所具有的人力资本为1，并且特定经济体的技术水平与经济体中的人力资本是相对应的。假设单位人力资本形成的经济体技术水平为 A_1，由于单位人力资本是固定的，因此 A_1 是一个常量。单位人力资本所获得的工资水平为式（3.19）：

$$\omega(1) = \beta k^{1-\beta} A_1^\beta \tag{3.19}$$

人力资本为 h 的经济体中，技术水平 $A_h = hA_1$，即技术以人力资本为载体，现实经济中技术需要通过人来实现，技术的产生以及对生产发挥的作用都必须依靠与人力资本的结合，由式（3.18）、式（3.19）可得：

$$h = [\omega(h)/\omega(1)]^{1/(2\beta)} \tag{3.20}$$

式（3.20）可以看出，要得到平均人力资本 h 需要获得劳动力的工资、单位人力资本的工资以及参数 β。劳动力工资数据可以从统计资料中直接获取，参数 β 表示劳动收入占总收入的份额，即 $\beta = \dfrac{\omega(h)L}{Y}$。而对于单位人力资本的工资水平 $\omega(1)$，由于 A_1 未知，定义单位人力资本的效率工资为：

$$\omega(1)^* = \frac{\omega(1)}{A_1^\beta} = \beta k^{1-\beta} \tag{3.21}$$

由此可见，计算单位人力资本的效率工资需要首先获得人均物质资本 k。将式（3.21）代入式（3.20）可得：

$$h = A_1^{-1/2}[\omega(h)/\omega(1)^*]^{1/(2\beta)} \tag{3.22}$$

由于式（3.22）中 A_1 为常量，可进一步将 $A_1^{-1/2}$ 与单位人力资本一起作为人力资本的度量单位。所以，人力资本的估算进一步变形简化为：

$$h_e = [\omega(h)/\omega(1)^*]^{1/(2\beta)} \tag{3.23}$$

由式（3.23）估算城市人力资本所需要的指标分别为城市劳动力的平均工资 $\omega(h)$、劳动力就业数量 L、劳动收入占总收入的份

额 β 以及人均物质资本 k。我国城市工资、劳动力就业数据、劳动收入占总收入的份额可以从《中国城市统计年鉴》(2013—2018)中整理计算获得,而人均物质资本的获得则需要先估算各城市的物质资本总量。

本书采用永续盘存法估算我国城市物质资本存量。采用永续盘存法进行资本存量估算时,需要获得基期的物质资本存量、历年投资数据、投资的价格指数及资本折旧率指标。对于我国各城市基期物质资本存量的估算:借鉴朱平芳、徐大丰(2007)先用永续盘存法估算中国各省历年的物质资本存量,再用各省的物质资本存量数据计算出各省的资本产出比。通过假设各城市的资本产出比与其所在省份的资本产出比相同,进而可以使用各城市的实际 GDP 数据反推出各城市基期的物质资本存量。历年各城市投资数据使用城市社会固定资产投资数据代替,资本折旧模式采用几何折旧,折旧率选择 0.096[①]。各主要城市[②]历年物质资本存量数据见附表 D1,进一步地,根据式(3.21)与式(3.23)计算得到的我国主要城市历年人均人力资本数量见表 3.2。我国主要城市人力资本存量数据见附表 D2。

表 3.2　　2013—2018 年我国主要城市人均人力资本数量

年份 城市	2013	2014	2015	2016	2017	2018
深圳	558.0102	517.479	508.0874	496.5377	519.4963	457.4366
北京	237.0571	244.102	251.5255	255.8216	271.377	292.4951
上海	209.1495	219.1841	228.4099	242.3471	256.4557	272.7218

---

① 对于折旧率的大小选择,学术界依旧存在分歧。折旧率的大小当然会对物质资本的估算产生重大的影响,采用较大的折旧率(比如 0.1),得到的物质资本较小;相较而言,较小的折旧率(比如 0.05)得到的物质资本会较大。本书省份基期资本存量选择张军等(2004)测算的数据,为保持一致,本书资本折旧率选择 0.096。

② 我国 36 个主要城市包括 4 大直辖市、28 大省会城市(除台北市)以及深圳、厦门、宁波、青岛、大连 5 大计划单列市。本书分析的 35 个主要城市是在 36 城市基础上,由于数据缺失故省略海口、拉萨两个城市,并加入东莞市(东莞市人力资本存量及人均人力资本均位居我国城市前 5 位)。

续表

年份 城市	2013	2014	2015	2016	2017	2018
东莞	215.2603	208.5767	210.4105	209.374	227.2792	248.7997
广州	181.5036	171.5616	155.4345	166.0692	159.8699	176.2208
厦门	78.29153	78.63384	76.04697	80.71246	85.40448	99.30341
杭州	91.73332	88.07462	80.27344	80.90176	82.37197	82.33352
太原	56.64547	65.30772	57.1863	49.57375	63.50517	76.43837
乌鲁木齐	104.7849	84.10699	70.83921	63.71411	58.32705	64.85888
南京	46.27919	32.99227	40.20947	36.86073	37.75433	44.03207
兰州	18.708	22.88418	18.98465	23.17426	20.72033	33.03635
西安	20.63347	21.2377	26.416	27.22217	25.73222	23.77624
济南	34.66791	28.11234	27.16947	25.51284	21.4885	18.19882
宁波	36.82928	33.76956	25.02989	16.52679	18.26837	17.41687
贵阳	26.75285	29.94743	24.21606	22.6028	19.34536	17.37812
昆明	23.84941	11.92759	17.63397	17.02277	16.93024	15.07468
合肥	16.45286	8.551923	7.247754	6.057684	6.231264	15.00611
成都	15.44497	12.83482	19.51741	16.14696	14.72589	13.25445
福州	16.89304	13.48758	11.99238	9.913199	8.327889	12.73146
南宁	3.516513	11.58052	5.654613	8.348569	7.698224	10.29733
西宁	16.87846	10.98471	7.165592	5.485983	8.902156	9.704485
银川	8.375371	11.17391	8.331012	4.898577	5.195904	8.568939
南昌	15.13745	12.21258	11.15371	10.49885	7.602807	8.12919
武汉	9.479466	8.783402	7.70305	7.609138	8.29299	7.249209
郑州	9.34738	7.69689	7.49394	7.691275	8.97848	6.154249
重庆	14.35088	13.4211	10.72686	7.224769	5.579054	5.650204
沈阳	2.25565	1.959431	1.750421	3.087287	3.791006	5.087724
天津	21.08405	14.48635	7.702976	5.563411	3.63156	4.733559
长春	9.925179	8.756083	7.799574	6.38901	5.26051	3.608061
青岛	8.511593	7.210623	6.076614	3.970858	3.232611	3.086402
呼和浩特	3.177454	1.676568	0.9669	0.64735	0.906247	2.54695
大连	2.422875	1.087521	0.934644	1.413328	1.426289	2.429598
哈尔滨	5.56102	5.14794	4.465974	3.265238	2.899464	2.142585

续表

年份 城市	2013	2014	2015	2016	2017	2018
长沙	7.341774	5.943781	4.147591	2.800533	2.348969	1.928299
石家庄	0.221807	0.313016	0.337539	0.226936	0.207793	0.422496

资料来源：作者测算。

三 我国城市人力资本集聚特征分析

（一）人力资本在城市间空间分布特征及趋势

根据图3.4和图3.5反映的我国城市人力资本的空间分布结构来看，我国人力资本分布在空间上极不均衡，并且人力资本向一线城市和区域中心城市的集聚趋势仍在加剧。2013年我国35大主要城市的人力资本总量占我国城市人力资本总量的79%，而到2018年这一比例进一步提升到91%。此外，即使在35大主要城市内部，人力资本的空间分布依旧表现为向一线更大城市集聚。2013年，人力资本总量排名前五的深圳、北京、上海、东莞、广州5大城市所拥有的人力资本总量占我国城市人力资本总量的67%，而其中仅仅深圳、北京与上海三大城市的人力资本总量占比就达到了56%，到2018年深圳、北京与上海三大城市的人力资本占比更是达到了67%，充分地刻画了现实中我国人力资本对北京、上海及深圳三大城市的无限向往。

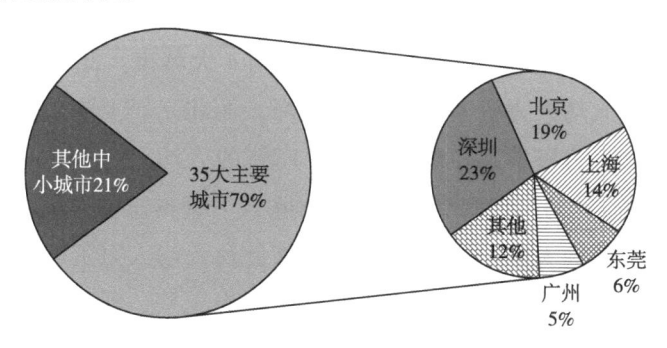

图3.4 2013年我国城市人力资本的空间分布

资料来源：作者测算。

图 3.5　2018 年我国城市人力资本的空间分布

资料来源：作者测算。

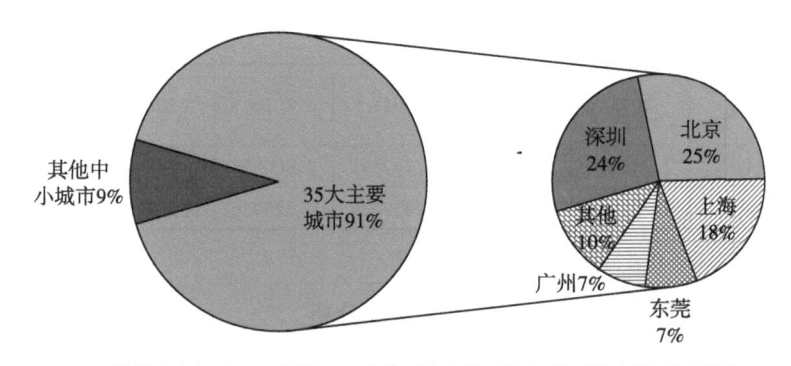

（二）我国主要城市人力资本的变化趋势

图 3.6 显示了我国主要城市 2013 年、2018 年城市人均人力资本数量变化趋势，我国主要城市人力资本存量的数据见附表 D2。具体来看：（1）北京、深圳、上海三大城市的人力资本存量领先于其他城市，并且近年来这三大城市人力资本存量依旧在逐步增长。东莞、广州两大城市人力资本存量也位居前五之列，但这两大城市各自的人力资本总量远不及深圳（见图 3.6）。（2）从人均人力资本的角度来看，人力资本排名前五的城市依旧是人均人力资本最高的 5 大城市。与人力资本总量情况不同的是，深圳的人均人力资本水平远高于其后的北京、上海、东莞、广州 4 大城市。此外，2013 年以来深圳的人均人力资本水平有所下降，而北京、上海、东莞 3 大城市的人均人力资本则在稳步提升，广州的人均人力资本也有一定程度的下降。（3）我国各大主要城市除人力资本总量排名前 5 的城市之外，其他绝大多数城市人力资本总量及人均人力资本水平均比较低，而且还存在不同程度的人力资本流失现象，即近年来此类城市的人力资本总量与人均人力资本还在逐年下降。2013—2018 年除北京、上海、东莞、厦门、太原等（见图 3.6）城市的人力资本总量得到不同程度的提升，其他城市的人力资本总量均呈下降趋势。

而北京、上海、东莞这三大城市人力资本总量得到提升的一个原因可能是由于其人均人力资本水平的提升。

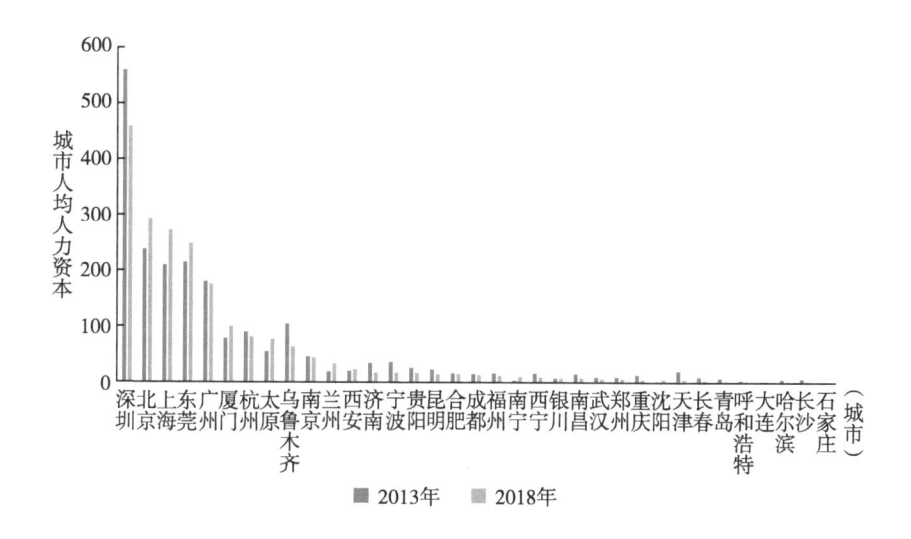

图 3.6　2013 年、2018 年我国主要城市人均人力资本存量

资料来源：作者测算。

我国城市间人均人力资本与人力资本存量均存在巨大的差距，并且由于人力资本存在向一线大城市及区域中心城市集聚的趋势，未来我国城市间人力资本的差距将进一步加大。例如，京津冀城市群中，北京作为人力资本的重要集聚区对各类人才具有较强的虹吸效应。一方面，来自京津冀之外的各类人力资本往往会越过天津与石家庄而直接流向北京；另一方面，即使天津与石家庄本地的人力资本也在寻求流向北京的机会。因此，京津冀地区人力资本的现状表现为北京作为人才集聚的高地，外围天津的人力资本在不断流失[①]，石家庄的人力资本则更是陷入洼地，无论是人力资本总量还是人均人力资本数量，石家庄均处在全国主要城市的最末位。

---

① 2013 年以来，天津人力资本总量与人均人力资本数量均出现大幅地下降。

第三节　地区发展差距的测度及其演变特征

地区发展差距是导致多数社会、经济甚至政治问题的根本原因（万广华，2008）。严重的发展不平等可能会进一步上升为不公平，如果有相当比例的人感受到不公平时，与之相关的不平等就会带来犯罪、骚乱甚至暴动。新时期，我国进入高质量发展阶段，地区发展差距的拉大不利于区域协调发展的推进。当然由于各地区自然禀赋、历史文化以及发展基础的不同，追求绝对的地区同步发展既不符合经济发展规律，也不切合实际。

一　地区发展差距的测度方法

地区发展差距可以直观表述为某一经济发展指标在地区之间的差异，其表现形式主要分为绝对发展差距和相对发展差距两种。在实际应用中，比较常用的区域差距测度方法主要包括基于统计学方法的变异系数法（coefficient of variation）、基尼系数法（Gini coefficient）与泰尔指数法（Theil index）。

（一）变异系数 CV

变异系数是通过采用统计研究中的标准差和均值的比值来表示的，其公式为：

$$CV = \sqrt{\sum_{i=1}^{n} \frac{(y_i - u)^2}{n}} / u \qquad (3.24)$$

式（3.24）中，y_i 表示第 i 个地区的人均 GDP，u 表示所有地区的平均人均 GDP，n 为地区的个数。考虑到不同地区人口规模大小可能产生的影响，进一步地采用人口加权后的变异系数，见式（3.25），其中 p_i 是地区 i 的人口占全部人口的比重。

$$CV(\omega) = \sqrt{\sum_{i=1}^{n} (y_i - u)^2 p_i} / u \qquad (3.25)$$

根据变异系数的计算公式可知，变异系数以所有地区的平均水

平 u 作为衡量标准。即变异系数测度的是所有地区相对地区均值的加权偏差的平均程度。

(二) 基尼系数 (G)

Gini (1992) 提出基尼系数的概念,并用于定量测度经济收入分配的差异。基尼系数与洛伦兹曲线是相辅相成的,通常使用洛伦兹曲线的图形面积来测度收入分配的不平等程度。在现实应用中,按照基尼系数的图形求解公式转化而成的数学公式为:

$$G = \left[\sum_{i=1}^{n}\sum_{j=1}^{n}\frac{|y_j - y_i|}{n(n-1)}\right]/2u \tag{3.26}$$

进一步考虑不同地区人口比重的影响之后,加权后的基尼系数计算公式为:

$$G = \left[\sum_{i=1}^{n}\sum_{j=1}^{n}|y_j - y_i|p_i p_j\right]/2u \tag{3.27}$$

(三) 泰尔指数 (Theil)

Theil 指数是基于信息理论中熵①的概念出发来考察地区之间的差异性,该指数的计算公式为:

$$Theil = \sum_{i=1}^{n}\frac{y_i}{Y}\ln\frac{y_i/Y}{x_i/X} \tag{3.28}$$

式 (3.28) 中,y_i 表示 i 地区的经济总量,x_i 表示 i 地区的人口数量,Y、X 分别表示所有地区的经济总量与人口数量。Theil 指数可以测度区域经济的总体发展差距,其取值越大表示区域经济的总体发展差距越大,区域发展不平衡问题越突出。然而,Theil 指数不仅可用于测度区域经济的总体差距,还可以通过对 Theil 指数进行分解得到区域组间差距与组内差距。以我国的四大地带为例进行分解,则令 $i=1,2,3,4$;其中地带 i 的内部又包含 k_i 个地区,Y、X 分别表示全国所有地区的经济总量与人口数量,y_i、x_i 分别表示 i 地带的经济总量与人口数量,y_{ij}、x_{ij} 分别表示 i 地带内部地区的经济总量与人口数量。据此 Theil 指数可进一步分解如下:

---

① 熵指信息量的期望值,即期望的信息量。

$$Theil = T_w + T_b = \sum_{i=1}^{4} \frac{y_i}{Y} T_i + \sum_{i=1}^{4} \frac{y_i}{Y} \ln \frac{y_i/Y}{x_i/X}$$

$$= \sum_{i=1}^{4} \frac{y_i}{Y} \sum_{j=1}^{k_i} \frac{y_{ij}}{y_i} \ln \frac{y_{ij}/y_i}{x_{ij}/x_i} + \sum_{i=1}^{4} \frac{y_i}{Y} \ln \frac{y_i/Y}{x_i/X} \quad (3.29)$$

式（3.29）中，T_w 表示地区内部差异、T_b 表示地带之间的差异。进而，$T_w/Theil$ 与 $T_b/Theil$ 分别表示地区内部差异与地带之间差异对总差异的贡献率。

二 我国地区发展差距的演变特征

运用改革开放以来 31 个省份的 GDP 数据和人口数据，测算得到的我国历年变异系数、基尼系数、Theil 指数及省份人均 GDP 最大差距的数据如图 3.7 所示。其中，变异系数与人均 GDP 差距反映的地区发展差距演变趋势基本保持一致，二者与基尼系数与 Theil 指数反映的地区差距变化趋势虽然局部稍有差异，但整体波动趋势依然比较相似。综合来看，自 1978 年改革开放以来，我国地区发展差距的演变经历了先下降后上升再下降的趋势：第一阶段（1978—1990 年），地区发展差距显著的缩小，加权变异系数从 1978 年的 0.76 下降到 1990 年的 0.64，人均 GDP 差距更是由 14.32 下降至 12.33，Theil 指数也从 0.16 下降到 0.13 呈现出明显的下降趋势。第二阶段（1991—1996 年）地区发展差距快速增长，加权基尼系数从 0.26 上升到 0.30，加权变异系数从 0.65 上升到 0.68，Theil 指数从 0.14 上升到 0.16，人均 GDP 最大最小值之比由 11.67 上升到 15.27。第三阶段（1997—2004 年），地区发展差距经历高速增长之后增长速度开始趋缓。变异系数从 0.66 缓慢上升到 0.67，基尼系数从 0.28 上升到 0.30，Theil 指数则从 0.15 上升到 0.17。第四阶段（2005 年之后），地区发展差距开始显著的下降。变异系数、基尼系数与 Theil 指数都急速下降，变异系数更是下降到改革开放以来的最低值 0.49。这一阶段地区发展差距的缓解充分体现了我国区域协调战略实施的有效性。

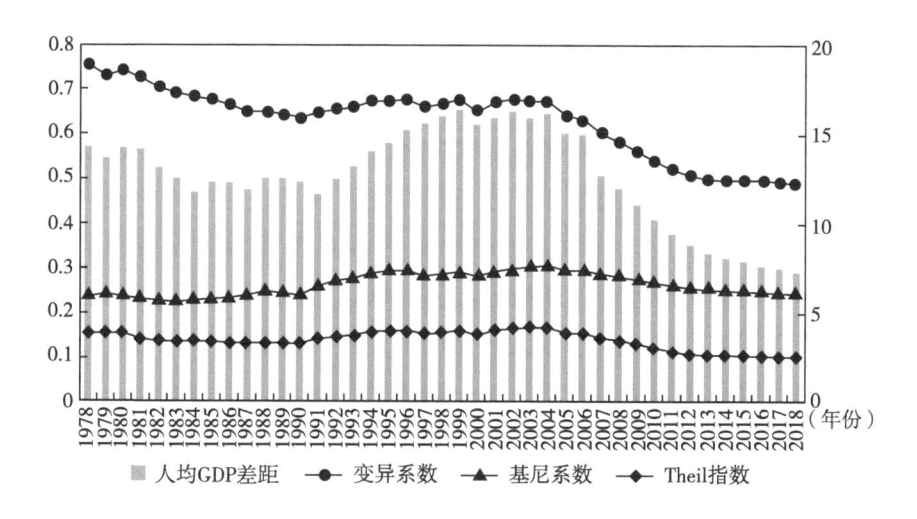

第三章 城市生活质量、人力资本与地区发展差距特征事实

图 3.7 1978—2018 年我国地区发展差距总体演变趋势

资料来源：作者测算。

通过使用 Theil 指数的分解，进一步考察我国地区发展差距在四大区域之间以及四大区域内部的空间分布情况。表 3.3 和图 3.8 显示：(1) 第一阶段我国地区发展差距主要源于东部地区内部的差距，1978 年东部地区内部差距的贡献率高达 70.5%。改革开放初期，东部之外的地区普遍发展水平还比较低，东部地区之外的其他三个地区内部以及区域之间处于低水平的协调阶段。改革开放初期，东部地区内部的生产力率先获得解放，各类资源潜能逐渐发挥作用，加上东部地区得到开放政策上的支持，使地区内部分工日益加深，最终导致东部地区内部发展差距快速得到缓解。这一时期我国地区发展差距显著减小的主要原因正是受益于地区差距贡献占比较大的东部地区内部发展差距的大幅下降。(2) 改革开放以来，东部地区内部的发展差距虽然始终是构成地区发展差距的重要组成部分，但东部地区内部差距的变化趋势却在逐步下降。1990 年东部地区内部差距对整体发展差距的贡献降为 57.2% 之后继续下降，到 2018 年东部地区内部差距对我国总的地区差距的贡献仅占 31.5%。(3) 1990—2004 年我国地区发展差距开始拉大的主要原因是区域间

差距的拉大，1996年，地区间差距的贡献已经开始逼近东部地区内部差距对地区总差距的贡献，而2004年地区间差距已经达到38.6%，超过东部地区内部差距成为我国地区发展差距的主要源头。这一阶段东部地区经过改革开放已经率先富起来，但尚未达到"先富带后富"的阶段，导致其他三个地区相对东部地区发展明显落后，地区间的发展差距不断拉大。（4）2004年以后，我国地区发展差距得以缓解主要受益于四大区域间的差距与东部地区内部差距呈现大幅度缩小的态势。然而，这一阶段西部地区内部差距却在逐渐扩大，西部地区内部差距对总差距的贡献率由2004年的14.4%上升到2018年的27.5%。

表3.3 我国四大区域内部差距及区域间差距对总地区差距的贡献

（单位：%）

年份	区域间	东部地区内部	中部地区内部	东北地区内部	西部地区内部
1978	13.5	70.5	3.7	6.6	5.7
1990	21.0	57.2	3.7	7.5	10.5
1996	37.3	38.8	3.3	8.9	11.7
2004	38.6	33.9	3.6	9.4	14.4
2018	28.1	31.5	6.1	6.9	27.5

资料来源：作者测算。

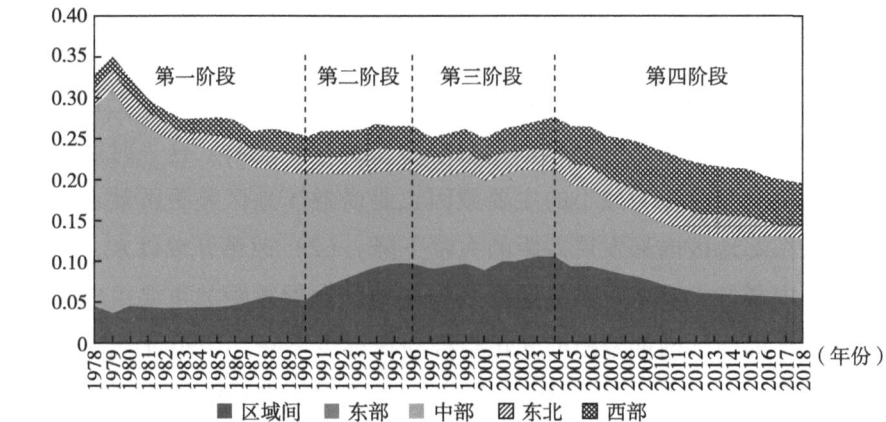

图3.8 1978—2018年我国区域间差距及四大区域内部差距演变趋势

资料来源：作者测算。

三　我国城市发展差距的测度：基于 NPP-VIIRS 夜间灯光数据

国内外学者已经在广泛使用 NPP-VIIRS 数据进行相关的科学研究，其中在社会经济估算方面常被用来拟合人口和 GDP 等经济参数（高义等，2013；李峰等，2016）。下文首先介绍 NPP-VIIRS 夜间灯光数据的相关预处理情况；其次基于处理后的 NPP-VIIRS 夜间灯光数据测度分析我国城市发展差距的特征事实。

（一）NPP-VIIRS 夜间灯光数据预处理

NOAA/NGDC 网站①提供的 NPP-VIIRS 可探测夜间月光、星光、城市灯光与大气辉光等微弱的可见光辐射，分辨率可达到 500m。相较 DMSP/OLS 提供的 2013 年及之前的灯光数据，NPP-VIIRS 具有更高的微光探测能力、空间分辨率及时间分辨率，且时间跨度与本书研究时间 2013—2018 年相匹配。

针对现有研究使用 NPP-VIIRS 月度夜间灯光数据存在的月度数据出现负值、极高值与不稳定光源等不足，周翼等（2019）提出基于月度夜间灯光数据合成年度夜间灯光数据的方法，一方面可以消除月度灯光数据中存在的问题；另一方面年度的夜间灯光数据与本书其他研究变量时间维度正好保持一致。本书使用的 NPP-VIIRS 月度夜间灯光数据为时序更加完整的 vmflg 格式数据，对应的省级、市级行政区划图来自国家基础地理信息中心的全国 1∶400 万数据库。

1. 负值消除与年度均值图像合成

NPP-VIIRS 月度夜间灯光数据在我国南方特别是西南高纬度地区会出现负值，然而 DMSP/OLS 灯光数据中不存在负值问题。根据 NPP-VIIRS 与 DMSP/OLS 共有的 2012 年数据，首先，将 2012 年各月 NPP-VIIRS 数据中的负值使用 2012 年 DMSP/OLS 相对应的数据进行替换；其次，根据替换后 2012 年月度 NPP-VIIRS 数据加总并取均值合成 2012 年 NPP-VIIRS 的年度均值图像；再次，将 2013 年

---

① https://governmentshutdown.noaa.gov/.

NPP-VIIRS 中的负值替换为前面得到的 2012 年年度均值图像；将后续各年份月度数据中的负值使用前一年相对应的均值图像进行替代；最后，根据消除负值后的月度 NPP-VIIRS 图像得到相应的年度均值图像。但是，此时得到的 NPP-VIIRS 年度均值图像还存在不稳定光源及极高值的影响，同时无法保证年度数据之间的可比性。

2. 相对辐射校正

采用周翼等（2019）提出的相对辐射校正方法，选择变化幅度较小且像元 DN 值分布范围均匀的营口市辖区作为不变目标区域。将 NOAA/NGDC 网站提供的去除不稳定光源与背景值的 2015 年年度 NPP-VIIRS 图像作为参考影像，上文处理得到的各年度均值夜间灯光影像作为待校正影像。选择回归系数最高的幂函数作为相对辐射校正的最优模型，根据相应的模型参数代入幂函数①，实现对 NPP-VIIRS 年度均值数据的相对辐射校正，保证了各年度数据之间的可比性。

3. 极高值、不稳定光源消除

高反射率表面的影响会导致夜间灯光数据中部分灯光亮度变得极高，远远超过实际亮度。我国当前正处在快速城镇化阶段，越靠后的年份夜间灯光亮度会越大，因此选择使用 2018 年灯光亮度最强的广东省的灯光亮度数据为极高值标准。进一步根据式（3.30）消除 2018 年夜间灯光数据中的极高值。

$$DN_{2018} = \begin{cases} DN_{2018} & DN_{2018} \leqslant DN_{GD} \\ DN_{mean} & DN_{2018} > DN_{GD} \end{cases} \quad (3.30)$$

式（3.30）中，DN_{2018} 表示 2018 年的年均灯光值；DN_{mean} 表示极高值周围 24 个像元的平均灯光值，DN_{GD} 表示 2018 年广东省的最高灯光亮度值。

基于 NOAA/NGDC 网站提供的 2015 年除了背景值与不稳定光

---

① $DN_{cal} = a \times DN^b$，其中，DN_{cal} 表示校正后的像元值；DN 表示待校正的像元值；a、b 分别表示相对辐射校正的参数。

源的夜间灯光数据,并将该数据进行二值化处理,即大于 0 部分取 1,表示为稳定光源,其他取 0。使用该二值数据与前文得到的消除极值后的数据相乘即可消除数据中的背景值与不稳定光源。最后,使用去除背景值、不稳定光源与极高值的 2018 年年度夜间灯光数据为基准,按式(3.31)进行逐年校正。

$$DN_{cor} = \begin{cases} DN_{y+1} & DN_y > DN_{GD} \\ DN_y & DN_y \leq DN_{GD} \end{cases} \quad (3.31)$$

式(3.31)中,DN_{cor} 表示经过校正后的年度夜间灯光值;DN_y 表示待校正的年度夜间灯光值;DN_{y+1} 表示校正标准后一年年度夜间灯光值。

(二)基于 NPP-VIIRS 夜间灯光数据的城市发展差距分析

使用上文经过校正后的 NPP-VIIRS 夜间灯光数据,借助 ArcGIS 软件可以得到地级市层面夜间灯光亮度的总和 DN 值、平均 DN 值和地级市内部像元之间的标准差数据。本书选择使用城市夜间灯光数据替代地区 GDP 数据来刻画城市发展水平具有两方面的优势:一是相对于 GDP 数据统计可能存在的诸多问题[①],夜间灯光数据更能直接反映地区发展水平,而且卫星系统扫描得到的数据会相对更具有客观性。二是除了城市夜间灯光亮度的总和 DN 值与平均 DN 值分别可以作为城市 GDP 与人均 GDP 的替代之外,城市内部像元之间亮度的标准差数据还可以较好地反映城市内部灯光亮度的波动情况。即基于地级市层面的夜间灯光数据除可以比较城市间的发展差距问题,还可以分析城市内部的发展差距。相反,如果使用 GDP 数据反映地级市内部发展差距则需要进一步细化追踪到县级行政单元的 GDP 情况,这无疑为研究增加了难度。此外,夜间灯光数据对地级市内部变化的划分,并不会受行政区划的影响,每一个内部像元类似一个剔除社会经济因素影响的"县级行政单元",由此测度的

---

① GDP 数据一方面存在各类统计误差问题;另一方面 GDP 数据中综合有通货膨胀因素,而使用相关价格指数消除通货膨胀又会进一步增加价格数据统计误差带来的问题。

地级市内部差距会更为准确。

1. 城市夜间灯光数据与城市 GDP 相关性分析

王琪等（2013）与曹丽琴等（2009）分别研究了省级空间尺度与地级市空间尺度下 GDP 与灯光亮度 TDN 值之间的相关关系。本书使用城市夜间灯光数据替代城市 GDP 指标来分析地区差距，首先也需要验证城市夜间灯光数据与城市 GDP 数据的相关性。图 3.9 分别显示了城市灯光总 DN 值与城市 GDP、城市灯光平均 DN 值与城市人均 GDP 的相关关系。结果显示，城市夜间灯光数据与城市 GDP 具有较高的相关性，可以使用城市夜间灯光数据替代城市 GDP 分析地区发展差距问题。

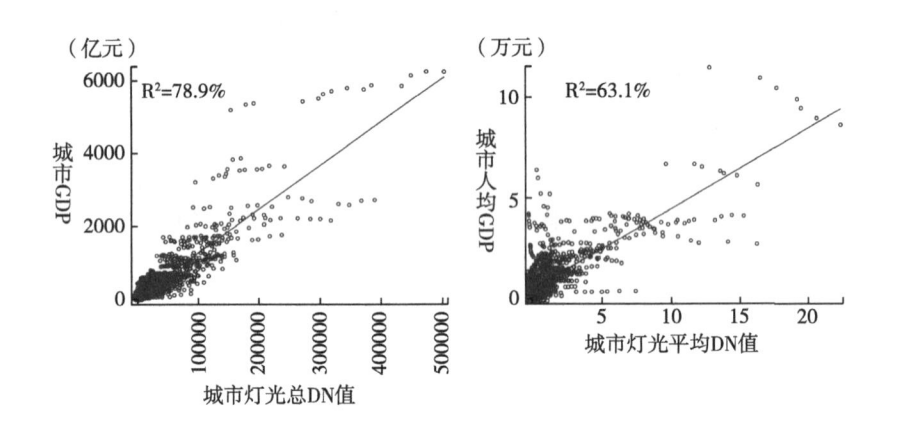

图 3.9 城市夜间灯光 DN 值与城市人均 GDP 相关关系

资料来源：作者测算。

2. 城市间差距与城市内部差距分析

借鉴 Griffith 等（2004）和 Bourles 等（2013）使用的基于前沿地区来测度地区差距的方法，本书城市间差距指标采用前沿地区城市夜间灯光 *DN* 值比城市夜间灯光 *DN* 值得到。由于 2012—2018 年期间，深圳市的城市 *DN* 值始终是最大的，因此选择将深圳作为发展前沿地区，使用历年深圳城市灯光 *DN* 值比各城市的灯光 *DN* 值，

即 $DN_{gap}=DN_{sz}/DN_i$，其中 DN_gap 表示城市间发展差距，DN_sz 表示深圳市的夜间灯光 DN 值，DN_i 表示城市的夜间灯光 DN 值。由 DN_gap 的构造可知 $DN_{gap}>1$，并且 DN_gap 值越大表示城市间的发展差距越大。

由于地级市灯光 DN 的标准差反映了城市内部灯光的波动程度，借鉴变异系数的构造思想，本书采用城市灯光 DN 的标准差除以城市平均的 DN 值得到城市内部夜间灯光的变异系数，并以此反映城市内部的发展差距。具体计算公式为 $city\_gap=sd(DN)/DN$，其中 $city\_gap$ 表示城市内部的发展差距，$sd(DN)$ 表示城市夜间灯光 DN 值的标准差。

最终，基于夜间灯光数据测度的 2012—2018 年我国城市间差距与城市内部差距的区域空间分布如图 3.10。具体分析来看：（1）我国的城市间发展差距呈现由东向西逐步扩大的态势，除东部地区城市与我国前沿城市（深圳）的发展水平还比较接近之外，中部地区已经与前沿城市拉开了明显的差距，而整个西部地区与东北地区城市的发展水平已经远远落后于东部沿海地区。（2）从发展趋势来看，东北地区和西部地区城市与前沿发达城市的发展差距在逐渐缩小，2012 年前沿城市（深圳）的发展水平是东北及西部城市平均发展水平的近 150 倍，而到了 2018 年前沿城市（深圳）与东北地区城市平均的发展差距缩小到 100 倍以内。（3）中部地区城市的发展水平与前沿城市（深圳）的发展差距保持平稳的减小趋势。（4）我国城市内部发展差距也表现出一定的由东向西差距逐渐扩大的趋势，但是相对城市间差距空间分布的极不均衡而言，我国城市内部差距的空间分布稍好一些。中东部城市内部的发展差距都比较小，而西部地区与东北地区的城市发展不仅落后与东中部地区，西部地区与东北地区城市内部的发展差距也远大于东中部地区。

考察 2012—2018 年我国沿海地区与内陆地区城市发展差距的变化趋势特征，具体如图 3.11。首先，我国沿海地区城市发展水平比较接近前沿城市（深圳）的发展水平，而内陆地区的发展水平远远

76 | 城市生活质量、人力资本与地区发展差距

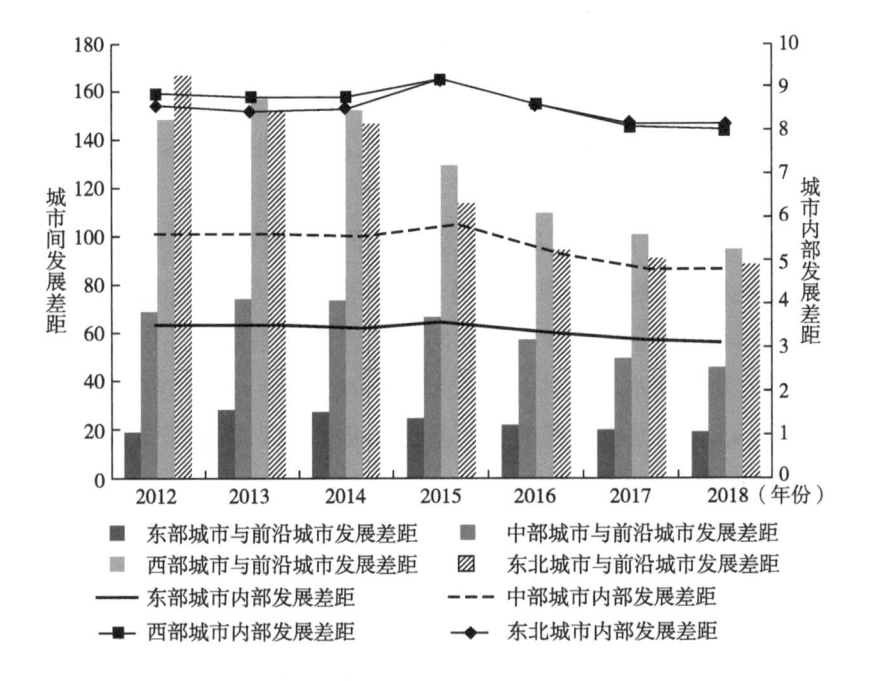

图 3.10　2012—2018 年我国城市发展差距的区域空间分布

资料来源：作者测算。

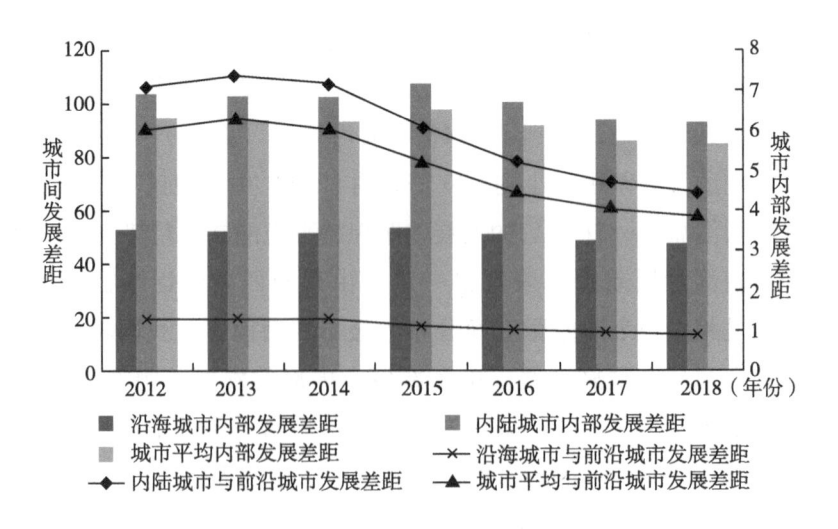

图 3.11　2012—2018 年我国城市发展差距的沿海与内陆空间分布

资料来源：作者测算。

落后于前沿城市。这是由于沿海城市具有得天独厚的经济发展地理优势，海洋像一条大自然赠予的高效"贸易通道"，沿海城市可以利用海洋通道更好地融入国际贸易分工体系，更容易接收国际市场的信息、技术与资源，导致沿海城市的发展大大领先于内陆地区。其次，从城市间发展差距的变化趋势来看，我国城市整体上与前沿城市的发展差距在逐步减小，其主要是内陆地区的城市与前沿发达城市的发展差距在减小，特别是2015年之后内陆城市与前沿发达城市的发展差距出现了大幅度的缓解。最后，从城市内部发展差距的空间分布来看，沿海城市内部的发展比较协调，始终保持着较小的发展差距。相反，对于内陆城市而言，不仅整体发展水平要落后于沿海发达城市，内陆地区城市内部的发展差距相对也比较大，表明内陆城市既面临着与前沿发达城市的发展差距问题，又面临着城市内部的协调发展问题。

第四节 本章小结

本章通过对城市生活质量、人力资本与地区发展差距三个核心指标的测度为本书后续研究奠定了基础，通过对三个研究对象的量化分析为后文理论机理研究与实证检验提供了直观指导。本章的主要研究内容总结如下。

首先，基于空间均衡模型，借鉴Albouy（2009）的分析框架构建了测度城市生活质量的基础模型。在理论模型基础上，结合我国城市工资、房价数据及相关城市生活特征参数计算得到了我国121[①]个以上城市的城市生活质量指数。进一步地根据城市生活质量指数分析2013年以来我国城市生活质量的变化情况发现：（1）整

---

① 2013—2018年安居客网站收集整理得到的城市房价数据每年城市样本数量均有所变化，其中2013年城市样本数量最少，有121个；而2018年城市样本数量总共263个。

体上看，我国城市生活质量的空间分布格局大概可划分为三层结构：领先的是东部地区，不断追赶的中部地区以及下滑严重的东北与西部地区。我国东部地区的城市生活质量不仅远高于中西部及东北地区，东部地区的城市生活质量的增长趋势也要大于其他地区，由此导致我国东部发达地区的城市生活质量与其他三个地区之间的差距呈逐渐拉大趋势。城市生活质量排名前50的城市中，东部地区占比达到78%，并且排名前17的城市均为东部地区城市。（2）2015年之后东北地区的城市生活质量出现大幅下滑趋势。2015年之前中部地区与东北地区的城市生活质量基本保持一致，并且处在稳步增长当中；但是由于近年来东北地区发展的日益衰落，2015年之后东北地区的城市生活质量出现断崖式下滑，逐渐拉开了与"往日兄弟"中部地区之间的差距。2018年东北地区的城市生活质量甚至已经落后于西部地区，而中部地区的城市生活质量却在短暂下滑之后奋起直追，逐渐向全国平均水平靠近。（3）我国沿海地区的城市生活质量水平不仅远高于内陆地区，而且沿海地区的城市生活质量也具有更高的增长趋势。相反，内陆地区的城市生活质量增长潜力并不充分，2015年之前良好增长之后陷入了短期的下滑，随后步入缓慢增长阶段。（4）2018年城市生活质量最高的前5大城市分别为厦门、深圳、北京、上海与福州。其中深圳、北京与上海是处在我国发展质量最顶端的一线城市，而厦门与福州虽然城市发展水平相对弱于国内四大一线城市，但这两大城市却享有独特的天然环境优势，舒适宜人的自然条件使厦门与福州具有较高的城市生活质量。

其次，基于LIHK收入法并借鉴朱平芳和徐大丰（2007）对LI-HK收入法的改进测算我国城市人力资本水平，分析我国城市人力资本集聚现状发现：（1）我国人力资本分布在空间上极不均衡，并且人力资本有向一线城市和区域中心城市进一步集聚的趋势。2013年我国35大主要城市的人力资本总量占我国城市人力资本总量的79%，而到2018年这一比例进一步提升到91%。（2）北京、上海

第三章 城市生活质量、人力资本与地区发展差距特征事实

及深圳三大城市对人力资本具有极强的吸引力。在35大主要城市内部，人力资本的空间分布依旧表现为向一线更大城市的集聚。2013年，人力资本总量排名前五的深圳、北京、上海、东莞、广州5大城市所拥有的人力资本总量占我国城市人力资本总量的67%，而其中仅仅深圳、北京与上海三大城市的人力资本总量占比就达到了56%，到2018年深圳、北京与上海三大城市的人力资本占比更是达到了67%，充分地刻画了现实中我国人力资本对北京、上海及深圳三大城市的无限向往。（3）我国各大主要城市除人力资本总量排名前5的城市之外，其他绝大多数城市人力资本总量及人均人力资本水平均比较低，而且还存在不同程度的人力资本流失现象，即近年来此类城市的人力资本总量与人均人力资本还在逐年下降。2013—2018年除了厦门、太原与西安三个城市的人力资本总量得到不同程度的提升之外，其他城市的人力资本总量均呈下降趋势。（4）我国城市间人均人力资本与人力资本存量均存在巨大的差距，并且由于人力资本存在向一线大城市及区域中心城市集聚的趋势，未来我国城市间人力资本的差距将进一步加大。

再次，自改革开放以来，我国地区发展差距的演变经历了先下降后上升再下降的趋势，具体的地区发展差距的演变历程可以总结为四大阶段。第一阶段（1978—1990年），地区发展差距显著的缩小，这一时期我国地区发展差距主要源于东部地区内部的差距，1978年东部地区内部差距的贡献率高达70.5%。一方面，由于改革开放初期，东部之外的地区普遍发展水平还比较低，其他三个地区内部以及区域之间处于低水平的协调阶段。另一方面，改革开放初期，东部地区内部的生产力率先获得解放，导致东部地区内部发展差距快速得到缓解。东部地区内部发展差距的大幅下降是这一时期我国地区发展差距显著减小的主要原因。第二阶段（1991—1996年）地区发展差距快速增长及第三阶段（1997—2004年），地区发展差距经历快速增长之后增长速度开始趋缓。第二、第三阶段我国地区发展差距开始拉大的主要原因是区域间差距的增大，1996年地

区间差距的贡献已经开始逼近东部地区内部差距对地区总差距的贡献，而 2004 年地区间差距已经达到 38.6%，超过东部地区内部差距成为我国地区发展差距的主要来源。这一阶段东部地区经过改革开放已经率先富起来，但尚未达到"先富带后富"的阶段，导致其他三个地区相对东部地区发展明显落后，进而逐渐拉大了地区间的发展差距。第四阶段（2005 年之后），地区发展差距开始显著的下降。变异系数、基尼系数与 Theil 指数都急速下降，变异系数更是下降到改革开放以来的最低值 0.49。这一阶段地区发展差距的缓解得益于我国区域协调战略的实施，四大区域间的差距与东部地区内部差距呈现大幅度缩小态势。

最后，基于 NPP-VIIRS 夜间灯光数据测度 2012—2018 年我国城市与前沿发达城市（深圳）的发展差距以及城市内部发展差距的演变特征，发现东部沿海地区的城市不仅发展水平远高于其他地区的城市，而且东部沿海地区城市内部的发展也更加协调。由于天然的地理区位优势，东部沿海地区相对比较开放，市场化一体化水平也比较高，导致沿海地区享有较高发展水平的同时内部地区间协作与分工也更加完善。相反，中西部地区与东北地区的城市不仅发展相对比较滞后，这些地区城市内部区域之间的发展差距也比较大，导致位于这些地区的城市对外需要实现对前沿发达城市的追赶，对内还需进一步促进城市内部的协调发展。从地区发展差距的变化趋势来看，受益于我国区域协调战略的有效推进，近年来，我国发展滞后地区的城市与前沿发达城市的发展差距在逐渐缩小，但是，各地区城市内部的发展差距并未显现出明显的减缓趋势。

第四章　城市生活质量、人力资本与地区发展差距的理论机理

随着社会经济发展水平的提高与科技、信息技术的快速迭代更新，影响城市发展的主要因素也在不断发生变化。近年来兴起的城市便捷性理论在重视人力资本因素对城市发展影响作用的基础上，开始强调城市生活的便捷性以及城市生活质量因素对吸引高质量的人力资本和高科技企业向城市集聚的作用。城市拥有令人心旷神怡的生活环境与便捷的消费环境会吸引人力资本的集聚，而人力资本作为经济发展的核心要素，会有效推动城市的发展，进而影响地区发展差距。本章作为城市生活质量、人力资本与地区发展差距的机理研究部分，首先，分析了城市生活质量影响人力资本集聚的内在机理；其次，探析人力资本影响地区发展差距的理论机理；最后，分析城市生活质量对地区发展差距的人力资本机制路径，并对人力资本影响地区发展差距的总效应进行辨析。

第一节　城市生活质量对人力资本的影响机理

人力资本理论提出高质量的人力资本是驱动区域经济增长的主要原因，但并未解释人力资本为什么会集聚在某个地区而不是其他地区。即关于人力资本流动与集聚的动力机制问题尚未解决。近年来兴起的城市便捷性理论和城市生活质量理论认为城市发展的根源

是由于城市丰富多彩的生活便捷性，以及城市高生活质量吸引各类人才特别是创新人才的集聚。城市的便捷性与高生活质量创造了人力资本创新交流的环境，促进了人力资本的溢出效应，进而带动城市的高质量发展。

人力资本的流动需要以具体的个体为载体，因此个人的区位选择直接影响着人力资本的变化。此外，企业特别是高技术创新型企业是人力资本发挥作用的平台，企业的区位选择间接地对人力资本的流动产生影响，即个人区位选择与企业区位选择分别对人力资本具有直接影响效应与间接影响效应。然而，Gottlieb（1994）与Brueckner（1999）发现企业与个人在区位选择时均会考虑到城市便捷性的影响。城市的便捷性决定了城市的生活质量，而城市生活质量通过工资、房价与地租效应影响着个人的区位选择与企业的选址决策。因此，本节首先基于空间一般均衡理论建立城市生活质量对工资、房价与地租的影响效应。其次分别分析城市生活质量通过个人区位选择的直接效应与企业选址的间接效应对人力资本集聚的影响。最后综合考察城市生活质量与人力资本之间的内在循环累积因果联系。

一 城市生活质量影响人力资本区位选择的理论基础

Rosen（1979）和 Roback（1980、1982）提出建立城市生活质量 QOL 指标时，确定当地环境适宜性所隐含的隐形市场价格的方法，本质上是一种差异补偿模型。Rosen-Roback 模型中，劳动者和企业为取得城市内稀缺的区位进行竞争，并通过工资与租金对这一竞争进行适当的调整与补偿。

（一）效用最大化情形下的均衡住宅价格

假设代表性工人的效用函数是柯布—道格拉斯函数形式，工人的部分收入用于购买住房 L_h，其他收入用于消费一揽子其他可贸易性商品 X，并且将商品 X 的价格作为计价物，即模型中一揽子商品的价格标准化处理为单位 1。工人的效用函数及预算约束表示为式（4.1）：

$$U=QL_h^\alpha X^{1-\alpha}, \ 0<\alpha<1; \ s.t. \ X+PL_h=w \tag{4.1}$$

其中，Q 代表城市生活享有的生活质量，w 表示工人的工资收入，价格 P 表示工人为了在城市居住所需要支付的标准化住房价格。工人效用最优化的条件满足 $P=\dfrac{\partial U/\partial L_h}{\partial U/\partial X}=\dfrac{\alpha}{1-\alpha}\dfrac{X}{L_h}$，将其代入工人的预算约束可得 X 与 L_h 的需求数量如下：

$$X=(1-\alpha)w, \ L_h=\frac{\alpha}{P}w \tag{4.2}$$

将式（4.2）代入式（4.1）可得：$U=\dfrac{\alpha^\alpha(1-\alpha)^{1-\alpha}}{P^\alpha}wQ=\dfrac{A}{P^\alpha}wQ$

$$\tag{4.3}$$

式（4.3）中假设 $A=\alpha^\alpha(1-\alpha)^{1-\alpha}$，对式（4.3）变形可得：

$$P=(AwQ/U)^{1/\alpha} \tag{4.4}$$

根据式（4.4），在开放型经济体中，工人效用 U 是外生的，A 为住房支出份额 α 表示的常数，因此，住房的价格主要受工资与城市生活质量的影响。

（二）企业利润最大化情形下的均衡工资与地租价格

假设企业的生产函数为 C—D 生产函数形式，企业生产的投入要素包括劳动力 N 和土地 L。位于城市生活质量较高的地区的企业可以享有较强的人才集聚环境，导致更多的企业流向该地区，企业享受到的正外部性变得越来越大。因此，城市生活质量是企业选址不可忽视的一个重要参考指标。企业的生产函数表示为：

$$X=QL^\beta N^{1-\beta}, \ 0<\beta<1 \tag{4.5}$$

其中，X 代表企业的产出数量，Q 表示城市生活质量水平。企业的成本 C 包括工人支付的工资 w 和土地租金 r。与上文保持一致，假设企业生产的产品价格标准化为 1，则企业的利润函数表示为：

$$\pi=X-C(w, r)=X-Lr-Nw \tag{4.6}$$

厂商利润最大化条件满足：$\dfrac{r}{w}=\dfrac{\beta}{1-\beta}\dfrac{N}{L}$，将最优化条件代入式

(4.6)，并结合均衡条件下厂商的利润为 0 可得土地 L 与劳动力 N 的需求数量为：

$$L = \frac{\beta}{r}X, \quad N = \frac{(1-\beta)}{w}X \tag{4.7}$$

进一步将式（4.7）代入生产函数式（4.5）可得均衡状态下劳动力的工资 w 与地租 r 为：

$$w = \left(\frac{BQ}{r^\beta}\right)^{\frac{1}{1-\beta}}, \quad r = \left(\frac{BQ}{w^{1-\beta}}\right)^{\frac{1}{\beta}} \tag{4.8}$$

式（4.8）中 $B = \beta^\beta(1-\beta)^{1-\beta}$。假定企业可以自由选址，并且企业迁移成本为 0，则式（4.8）表明企业工资 w 与地租 r 受到城市生活质量 Q 的影响。

空间均衡状态下城市内部及不同城市之间的生活质量是有差异的，工人与企业的空间流动，对不同城市区位选择所得到的城市生活质量的差异将通过就业工资、房价与地租成本的差异来相互补偿，最终达到空间区位上的稳定均衡。为了进一步分析城市生活质量的变化对就业工资、住房价格与地租的影响方向，分别对式（4.4）与式（4.8）等式两边取全微分可得：

$$\hat{P} = \frac{1}{\alpha}\hat{Q} + \frac{1}{\alpha}\hat{w} \tag{4.9}$$

$$\hat{w} = \frac{1}{1-\beta}\hat{Q} - \frac{\beta}{1-\beta}\hat{r} \tag{4.10}$$

式（4.9）表明，城市生活质量对住房价格具有正向影响，城市生活质量较高的地区，住房成本往往也比较高。这一结论正好印证了城市生活质量高的城市往往具有与之相匹配的高房价的现实。式（4.10）表明，当城市工资保持不变的情况下，城市生活质量的提升会伴随着企业地租成本的提高，高生活质量的城市容易吸引企业的集聚，促进了企业对城市土地的竞价，进而导致土地价格的上升。另外，城市生活质量的提高对企业支付的工资成本也具有正向影响，城市生活质量的提高一定程度上也会导致工资相应的提高。

第四章 城市生活质量、人力资本与地区发展差距的理论机理 | 85

此外，在某一特定水平的城市生活质量情形下考察式（4.9）、式（4.10）发现，对代表性个人来说工资与房价的变动关系是单调递增的，而企业的地租成本与工资成本的变动关系却是单调递减的。假设地租的变化率与房价的变化率保持一致，即 $\hat{r} = \hat{P}$。那么，式（4.9）、式（4.10）即可表示 Roback（1982）研究中城市生活质量的变动对工资与房价的影响关系，具体如图 4.1。综合考虑城市生活质量对企业与个人的影响发现，当城市生活质量由 Q_1 提升到 Q_2 时，空间均衡从 M 点移动到 N 点，此时地租与房价都会上涨，但是对于工资的影响并不明确。这是由于城市生活质量的提高会同时促进个人住房成本和企业地租成本的提升，最终导致城市生活质量较高地区地租与房价的上涨。但是，个人追求生活质量所带来的效用与工资带来的效用是互补的，因此，个人为了享有较高的生活质量，会自愿牺牲部分工资，导致个人工资水平可能会下降，低工资阻止了更多的个人迁往高生活质量地区。而对于企业来说，城市生活质量的提高对企业支付的工资成本也具有正向影响，企业用高工资竞争来阻止其他企业的进入，工资在企业和个人之间变化的相互冲突导致最终的均衡工资水平并不明确。

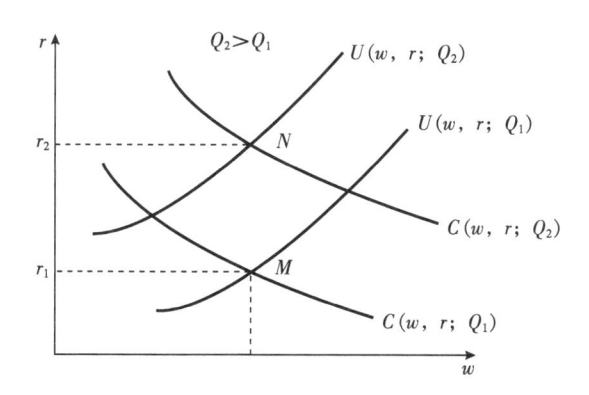

图 4.1 城市生活质量变化对工资与地租的影响

资料来源：Roback J. "Wages, Rents, and the Quality of Life", *Journal of Political Economy*, Vol. 90, No. 6, 1982.

二 个人区位选择直接效应

Glaeser 等（2001）研究发现，均衡状态下城市土地租金的溢价（Urban Rent Premium）等于生产力水平溢价与城市舒适性溢价之和。如果人口通过迁移来提高生活质量，生活质量高的流入地的需求上升，最终反映为生活质量较高的地区房价的上升。即生活质量某一方面的改善将会刺激该地区房价的上升，而城市房价则体现了享有该城市生活质量的一张"城市入场门票价格"。由于生活质量的价值缺乏一个市场价格来衡量，有学者认为这个价值应包含在房价和工资中，并通过城市非贸易品的价值来推算城市生活质量的影子价格（Rosen，1969；Roback，1982；Gyourko & Tracy，1991）。

城市经济学认为，个人通过迁移显示对特定地区生活质量的偏好来最大化其效用。传统研究观点认为地方通过提供工作和经济机会就可以吸引人口流入，收入差异是导致人口迁移的主要原因。但最近的研究表明，城市生活质量、休闲和娱乐机会正在成为城市吸引人口迁移的重要原因。图4.1中空间均衡结果表明，对个人而言，追求生活质量所带来的效用与工资带来的效用是互补的，因此，个人为了享有较高的生活质量，会自愿牺牲部分工资，导致个人工资水平可能会下降，并且个人以低工资来阻止其他个人迁往高生活质量地区。Roback（1982）也认为，较高的生活质量会给该地区的劳动力市场带来正的租金，即劳动力愿意放弃一部分名义收入而进行迁移。Greenwood（2010）认为，迁移的原因不仅仅只有经济因素，人们为了获得非贸易性商品（如特定地区生活的舒适性）会自愿在享有较高的生活质量的基础上选择接受相对较低的工资水平。Wall（2010）和 Douglas（1997）的研究中证实一旦个人通过迁移可以有效提高生活质量，那么人口迁移就会发生。因此，城市生活质量的提升将直接吸引其他地区人口向高生活质量地区的流入。

随着经济发展水平的提高，城市生活质量对个人的区位选择正在变得越来越重要，生活质量高的地区能够吸引人口流入并促进该地区的经济增长（Glaeser and Tobio，2008）。然而，人们在城市选择过程中对生活质量与经济因素相对重要性的考量会因个体属性的差异而不同。不同类别人群受年龄、职业、收入等影响对生活质量的重视维度和程度会有所区别。整体来看，普通劳动者可能更重视经济的就业机会，而拥有一定技能的人力资本则往往会更重视对城市生活质量的追求。Clark（2002）指出，不同群体在寻求城市便捷性考虑因素上具有明显的差异性，如大学毕业的年轻人受就业与生存压力的影响会倾向于选择集中在人工便利性较高的地区，奋斗半生的退休老年人则可能会选择在自然环境便利性高的城市度过余生，而从事高科技研发的创新人员则更倾向于选择在自然和人工便利性都比较高的地区。

此外，图 4.1 中结果表明，城市生活质量的提高从个人与企业视角均会导致房价与地租成本的上升。高城市生活质量相对应的往往是高城市房价，较高的住房成本往往会使普通劳动者对美好城市生活的向往望而却步。相对而言，拥有较高水平的人力资本的经济实力往往更能够承受高房价的压力。因此，城市便捷性与城市生活质量既是吸引创造阶层（高水平人力资本）集聚的首要条件，客观上高城市生活质量也更倾向于吸引高水平人力资本的集聚。高城市生活质量正在成为人力资本区位选择的重要决定因素。城市生活质量的提升在吸引各类人口流入的同时，更加倾向于对高水平人力资本的吸引。Glaeser 等（2001）发现，城市正在逐步发展成为消费中心，具有高便利性的城市往往比低便利性的城市发展得更快，城市地租的上升也会远高于工资的增长，表明随着经济发展质量的提高，人力资本对城市生活质量的需求开始超过对高工资的要求。城市生活质量通过影响个人的区位选择直接促进了人力资本向生活质量较高的城市集聚。

三 企业选址间接效应

Rappaport（2008）发现，美国人口与企业迁移的目的地是具有高生活质量的地区，表明随着经济发展水平的提高与个人财富的增长，个人与企业对城市生活质量的需求也在逐步提高。随着经济发展质量的提高及科技新业态的不断涌现，城市生活质量对企业选址的影响效应正在日益凸显。在工业区位论中，低技能劳动力、原材料、运费是重要的区位因子（Weber，1909），这是由于工业本身的组织和生产特点决定的。然而，随着交通基础设施建设的不断升级，可贸易产品的运输成本正在不断降低（Glaeser & Kohlhase，2004），加上后工业化时代的来临，企业和要素的区位选择越来越摆脱可贸易产品的束缚，而愈发受到以本地生活质量为代表的不可贸易品的影响。随着我国进入高质量发展阶段，传统产业的转型升级对于非传统区位因素的要求将变得越来越重要。良好的营商环境和居住环境能够推动产业发展，教育、休闲、文化舒适性等影响生活质量的因素对企业选址的作用也在变得越来越重要。因此，企业在选址决策中，城市生活质量因素也会变得越来越关键。

进一步考虑不同技术产业发展对城市生活质量选择的异质性。随着技术的进步及经济发展水平的提升，企业区位选择接近消费市场正在变得越来越重要。Foster（1977）研究北美企业的区位选择，发现企业开始重视街道安全、干净的环境、优质的教育和医疗等城市生活质量因素。然而，由于城市土地供给是有限的，在收入水平保持不变的情况下，人们对高城市生活质量的需求将会推动城市地价的上涨。生活质量较高的地区往往具有较高的土地成本，因此导致城市生活质量间接的会对企业科技创新能力的高低进行逆向选择。相对于低技术水平与处在产业链低端的企业，高城市生活质量的地区引来的企业往往是高技术、高创新的价值链高端企业。而高科技产业又是人力资本发挥作用的重要场所，因此城市生活质量对企业选址的影响间接地又促进了人力资本的集聚。

四 城市生活质量与人力资本的循环累积因果效应

随着社会的进步与经济发展质量的提升，城市生活质量与人力资本的互动关系是不断自我强化的，这一特性可以称为二者之间的循环累积因果效应。我国辽阔国土空间①上的不同地区，初始享有的资源禀赋及自然条件天差地别，导致天然的地区之间生活质量的差距就会有所区别。但是在早期社会，受限于经济发展水平普遍较低，科技水平也不发达，且不同地区文化差异的存在，人力资本难以实现有效流动，导致初期城市生活质量的差异并不会对人力资本甚至个人的流动迁移产生大的影响。但是，随着经济发展水平与科技能力的提高，一方面进一步拉大了地区间生活质量的差距；另一方面也同时产生了更多的人力资本并且人力资本的流动性也获得了极大的提升。因此，城市生活质量的提升通过上文提到的影响个人区位选择带来的直接效应与企业选址催生的间接效应，吸引人力资本向高生活质量的地区聚集，进而产生从城市生活质量到人力资本集聚的因果联系。由于人力资本既具有其他生产要素没有的主观能动性，同时又兼具创新特质，城市生活质量的提升虽然起初与一定的天然条件有关，但长期来看人力资本才是城市生活质量高水平提升的关键。因此，由城市生活质量吸引而来的人才与高科技企业有效促进了人力资本的流入；反过来，人力资本又会进一步提升城市生活质量迈向更高水平。城市生活质量的进一步提升再次通过直接效应与间接效应促进人力资本的提升，开启城市生活质量与人力资本因果联系的下一个循环。城市生活质量与人力资本的循环累积因果联系解释了为何部分顶尖一线城市在吸引人才与发展趋势上会变得越来越有优势。

综合来看，城市生活质量通过个人区位选择的直接效应、企业选址带来的间接效应以及循环累积因果效应的综合影响来促进人力资本的集聚。基于城市生活质量对人力资本的影响机理分析，提出假说1。

假说1：城市生活质量的提升有利于城市人力资本水平的提升。

---

① 我国领土空间东西跨度与南北跨度均比较大：东西跨经度60多度，距离约5200千米，跨了5个时区；南北跨纬度近50度，南北距离约为5500千米。

第二节　人力资本对地区发展
差距的影响机理

　　回顾人力资本与经济增长关系的相关理论，并结合现实中人力资本对地区经济发展的影响，可以发现人力资本不仅是经济增长的重要动力之一，同时也是造成地区发展差异的关键原因所在。例如，根据前文分析，我国享有最多的人力资本总量和人均人力资本的东部地区，不仅在经济发展水平上处在国内发达地区的前沿，而且改革开放以来东部地区内部发展差距地减缓速度也处在国内前沿水平。深入分析人力资本对地区经济的影响机制，既有利于从微观角度采取激励方式发挥人力资本的主动性，促进经济增长；也可以从宏观政策层面改善人力资本的制度环境，通过扩大对人力资本的投资来缩小地区发展差距。同时，厘清人力资本对地区发展的内在作用机理，可以为本书后续人力资本对地区发展差距的实证检验提供理论指导。本节首先在新经济地理学自由企业家（FE）模型的基础上，建立异质型人力资本对地区发展差距影响的理论基础。其次，分析人力资本作为投入要素对地区经济发展的影响机理。再次，分析人力资本外部性效应对地区发展差距的影响机理。最后，探讨人力资本的空间溢出效应对地区发展差距的影响机理。

一　异质型人力资本对地区发展差距影响的理论基础

　　正如人的能力有高低之分一样，人力资本也并非同质的。现实人力资本的差距不仅体现在人力资本数量上的差异，同时也存在人力资本"质"的差异。异质型人力资本作为人力资本"质"的一种量化方式，罗勇等（2013）通过将单位同质人力资本标准化处理作为人力资本的度量单位，进而将异质型人力资本等价于一定数量的同质型人力资本。下文以新经济地理学的自由企业家模型（FE模型）为基础，借鉴罗勇等（2013）将人力资本的异质性引入FE模型中，从异质型人力资本视角分析人力资本对地区收入差距的影响。

（一）FE 模型的基本假定

自由企业家模型（FE 模型）的基本假设与新经济地理学中核心—边缘模型（CP 模型）基本相同，唯一的区别是关于工业部门生产技术假设的差异。CP 模型假设工业生产的固定投入与可变投入都只有劳动，而 FE 模型中引入了人力资本要素，假设固定投入只包括人力资本，可变投入只包括劳动。具体的关于 FE 模型的基本假定见图 4.2。

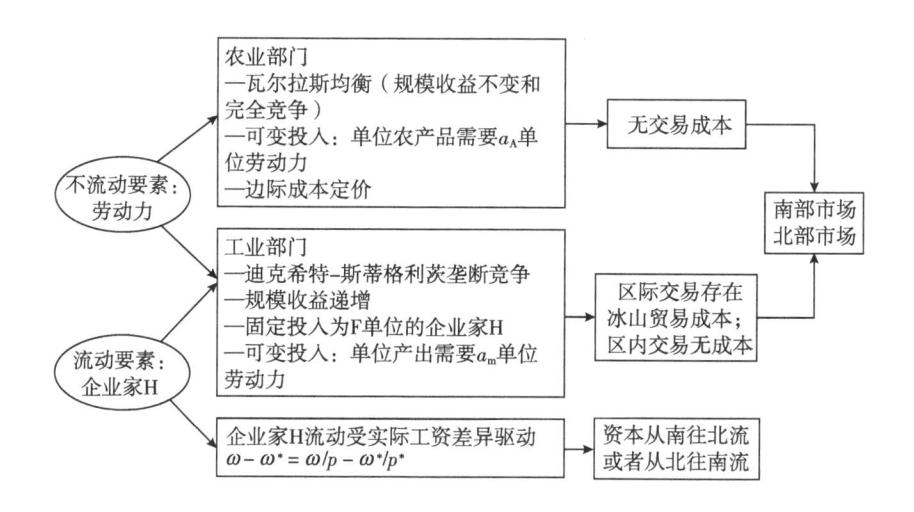

图 4.2　FE 模型的基本假设

资料来源：安虎森等编著：《新经济地理学原理（第二版）》，经济科学出版社 2009 年版。

（二）消费者与企业的最优化

南北两个地区代表性消费者的效用函数如下：

$$U = C_M^\alpha C_A^{1-\alpha}, \quad C_M = \left(\int_0^{n_1+n_2} c_i^{1-\frac{1}{\sigma}} di \right)^{\frac{1}{1-\frac{1}{\sigma}}} \qquad (4.11)$$

其中，α 表示消费者对工业品的支出比例，C_M、C_A 分别代表消费者对差异化工业品和农产品的消费，c_i 表示消费者对第 i 种工业品的消费量，n_1、n_2 分别代表两个地区工业部门的产品种类数量，差异化工业品之间的替代弹性 $\sigma>1$。劳动力在两地区均匀分布，且两地区的有效人力资本总量保持不变，即式（4.12）。

$$L_1 = L_2 = \frac{L}{2}, \quad H_1 + H_2 = H \tag{4.12}$$

假设同质型人力资本是边际报酬递减的，而异质型人力资本是边际报酬递增的。此外，异质型人力资本的外部性会对同质型人力资本的生产力产生影响，并且这种异质型人力资本的外部性会随着异质型人力资本比例的提高而变强（赵伟和李芬，2007）。若短期区域内的人力资本总量固定为 H_T，那么该地区工业部门使用的有效人力资本数量为：

$$H_i = [(1-\eta)U_i + \eta F_i(1+f_i)]H_T \tag{4.13}$$

其中，F_i、U_i 分别表示 i 地区工业部门异质型人力资本和同质型人力资本的比重。H_i 表示 i 地区工业部门的总有效人力资本。$\eta \in [0, 1]$ 表示工业部门中异质型人力资本占总人力资本的比重。f_i 表示异质型人力资本集聚所产生的外部性，具体如式（4.14）所示，其中 υ 表示异质型人力资本的外部性强度。

$$f_i = (F_i)^\upsilon \quad (0<\upsilon<1) \tag{4.14}$$

工业部门的成本函数为：

$$X_i = F\omega_i^{ch} + \omega_L a_m x_i \tag{4.15}$$

其中，X_i 为 i 地区工业部门的生产成本，x_i 表示该地区的工业品产出数量，ω_L 表示劳动力的名义工资，ω_i^{ch} 表示同质型人力资本的名义工资。异质型人力资本的名义工资 ω_i^{dh} 与同质型人力资本工资间的关系为：

$$\omega_i^{dh} = \omega_i^{ch}(1+f_i) \tag{4.16}$$

在 FE 模型中，均衡时工业部门按边际成本加成定价确定工业品的生产价格为：

第四章　城市生活质量、人力资本与地区发展差距的理论机理

$$p = \frac{\sigma \omega_L a_m}{\sigma - 1} \tag{4.17}$$

由于区域间贸易存在冰山贸易成本 τ，产品运到另一地区的消费价格为：

$$\tau p = \frac{\tau \sigma \omega_L a_m}{\sigma - 1} \tag{4.18}$$

均衡时工业部门的产量为：

$$x = \frac{F \omega^{ch}}{p - a_m \omega_L} \tag{4.19}$$

工业部门的最终收入为：

$$Y_i = \omega_L \frac{L}{2} + \omega_i^{ch} H_i \tag{4.20}$$

(三) 短期均衡分析

短期内，两地区的有效人力资本份额给定为：

$$n_1 = \frac{H_1}{H}, \quad n_2 = \frac{H_2}{H} \tag{4.21}$$

工业部门市场出清时，各地区的有效人力资本名义工资满足下式：

$$\omega_1^{ch} = \frac{\alpha}{\sigma F} \frac{1}{H} \left(\frac{Y_1}{n_1 + \varphi n_2} + \frac{\varphi Y_2}{\varphi n_1 + n_2} \right), \quad \omega_2^{ch} = \frac{\alpha}{\sigma F} \frac{1}{H} \left(\frac{\varphi Y_1}{n_1 + \varphi n_2} + \frac{Y_2}{\varphi n_1 + n_2} \right) \tag{4.22}$$

其中，$\varphi = \tau^{1-\sigma}$ 表示贸易自由度。冰山贸易成本与工业品替代弹性的降低，均有利于贸易自由度的提高，减少企业对大市场的依赖性，提高工业产品市场份额和地区工资水平。

结合式 (4.16) 和式 (4.22) 可得异质型人力资本的名义工资为：

$$\omega_1^{dh} = \frac{\alpha}{\sigma F} \frac{1}{H} \left(\frac{Y_1}{n_1 + \varphi n_2} + \frac{\varphi Y_2}{\varphi n_1 + n_2} \right) (1 + f_1)$$

$$\omega_2^{dh} = \frac{\alpha}{\sigma F} \frac{1}{H} \left(\frac{\varphi Y_1}{n_1 + \varphi n_2} + \frac{Y_2}{\varphi n_1 + n_2} \right) (1 + f_2) \tag{4.23}$$

进一步给定有效人力资本的分布模式 n_i，可以得到市场份额的分布：

$$s_1 = \frac{Y_1}{Y} = \left(1-\frac{\alpha}{\sigma F}\right)\frac{L_1}{L} + \frac{\alpha}{\sigma F}\frac{H_T}{H}B[(1-\eta)U_1 + \eta F_1(1+f_1)],$$

$$s_2 = \frac{Y_2}{Y} = \left(1-\frac{\alpha}{\sigma F}\right)\frac{L_2}{L} + \frac{\alpha}{\sigma F}\frac{H_T}{H}B^*[(1-\eta)U_2 + \eta F_2(1+f_2)] \quad (4.24)$$

其中，$B = \frac{s_1}{n_1+\varphi n_2} + \frac{\varphi s_2}{\varphi n_1+n_2}$，$B^* = \frac{\varphi s_1}{n_1+\varphi n_2} + \frac{\varphi s_2}{\varphi n_1+n_2}$，$\frac{L_1}{L} = \frac{L_2}{L} = \frac{1}{2}$。

由式（4.24）可知，市场份额的大小与同质型人力资本和异质型人力资本的空间分布有关。

（四）长期均衡分析

在长期，人力资本可以自由地流动。当两地间人力资本停止流动时，经济体实现长期均衡，长期均衡的条件为两地同质型人力资本实际工资相等。

$$\frac{\omega_1^{ch}}{P_1^{\alpha}} = \frac{\omega_2^{ch}}{P_2^{\alpha}} \quad (4.25)$$

其中，$P_1 = (n_1+\varphi n_2)^{\frac{1}{1-\sigma}}$，$P_2 = (\varphi n_1+n_2)^{\frac{1}{1-\sigma}}$。结合式（4.16），长期均衡时异质型人力资本的实际工资满足的条件可表示为：

$$\frac{\omega_1^{dh}}{(1+f_1)P_1^{\alpha}} = \frac{\omega_2^{dh}}{(1+f_2)P_2^{\alpha}} \quad (4.26)$$

结合式（4.16）、式（4.22）、式（4.25）和式（4.26）可得两地区同质型人力资本与异质型人力资本的实际工资：

$$\omega_1^{ch} = \left(\frac{Y_1}{n_1+\varphi n_2} + \frac{\varphi Y_2}{\varphi n_1+n_2}\right)\frac{\alpha}{\sigma FH(n_1+\varphi n_2)^{\frac{\alpha}{1-\sigma}}},$$

$$\omega_2^{ch} = \left(\frac{\varphi Y_1}{n_1+\varphi n_2} + \frac{Y_2}{\varphi n_1+n_2}\right)\frac{\alpha}{\sigma FH(\varphi n_1+n_2)^{\frac{\alpha}{1-\sigma}}}, \quad (4.27)$$

$$\omega_1^{dh} = \left(\frac{Y_1}{n_1+\varphi n_2} + \frac{\varphi Y_2}{\varphi n_1+n_2}\right)\frac{\alpha(1+f_1)}{\sigma FH(n_1+\varphi n_2)^{\frac{\alpha}{1-\sigma}}},$$

第四章　城市生活质量、人力资本与地区发展差距的理论机理

$$\omega_2^{dh} = \left(\frac{\varphi Y_1}{n_1+\varphi n_2}+\frac{Y_2}{\varphi n_1+n_2}\right)\frac{\alpha(1+f_2)}{\sigma F H(\varphi n_1+n_2)^{\frac{\alpha}{1-\sigma}}} \quad (4.28)$$

由（4.27）式可得：

$$\ln\frac{\omega_1^{ch}}{\omega_2^{ch}} = \ln\left[\frac{s_1(\varphi n_1+n_2)+\varphi s_2(n_1+\varphi n_2)}{\varphi s_1(\varphi n_1+n_2)+s_2(n_1+\varphi n_2)}\right]+\frac{\alpha}{\sigma-1}\ln\frac{n_1+\varphi n_2}{\varphi n_1+n_2}=0 \quad (4.29)$$

长期均衡时市场份额与异质型人力资本分布之间的关系满足（4.29）式。进一步地，对（4.29）式取全微分，可得：

$$\frac{dn}{ds} = \frac{1+\varphi}{(1-\varphi)-\frac{\alpha}{\sigma-1}(1+\varphi)} \quad (4.30)$$

考虑当地区 1 的有效人力资本份额（产业份额）和支出份额都大于地区 2 的情况下，即 $s_1>\frac{1}{2}$，$n_1>\frac{1}{2}$ 时，支出份额与有效人力资本份额的关系曲线斜率会随着支出份额 s 的增加而增大，因此 $\frac{dn}{ds}>1$，表明支出份额的增加会引起生产规模更大比例的增加。

为使模型均衡结论讨论更加方便，进一步对模型结果进行标准化处理。① 根据标准化处理后的简化模型，将式（4.24）对 F_i 求导可得：

$$\frac{ds_1}{dF_1} = \frac{\alpha}{\sigma F}\frac{B}{T}\frac{H_T}{H}\eta[1+f_1(1+v)]>0；\frac{ds_2}{dF_2} = \frac{\alpha}{\sigma F}\frac{B^*}{T^*}\frac{H_T}{H}\eta[1+f_2(1+v)]>0 \quad (4.31)$$

其中，$T = 1-\frac{\alpha}{\sigma F}\frac{H_1}{H}\frac{(1-\varphi^2)n_2}{(n_1+\varphi n_2)(\varphi n_1+n_2)}$，$T^* = 1-\frac{\alpha}{\sigma F}\frac{H_2}{H}\frac{(1-\varphi^2)n_1}{(n_1+\varphi n_2)(\varphi n_1+n_2)}$。由（4.31）式可知，地区异质型人力资本比重 F_i 增加会促进当地市场份额的增加，进而提高地区专业化水平。

---

① 模型的标准化处理参考安虎森等（2009）的《新经济地理学原理》（第二版），第五章 FE 模型的标准化处理方法。

进一步地，考虑异质型人力资本份额较大、同质型人力资本份额较小的地区，即 $F_i > \frac{1}{2}$，$U_i < \frac{1}{2}$ 时，由标准化处理后的式（4.24）对 η 求导可得：

$$\frac{ds_1}{d\eta} = \frac{\alpha}{\sigma F} \frac{B}{T} \frac{H_T}{H}[F_1(1+f_1) - U_1] > 0; \quad \frac{ds_2}{dF_2} = \frac{\alpha}{\sigma F} \frac{B^*}{T^*} \frac{H_T}{H} \eta [F_2(1+f_2) - U_2] > 0 \tag{4.32}$$

式（4.32）表明，同质型人力资本向异质型人力资本转变（人力资本的升级）会增加地区的市场份额，进而提高地区专业化水平。

在长期，为了显示有效人力资本份额 n_i 对 $\frac{\omega_1^{dh}}{\omega_2^{dh}}$ 的影响，结合式（4.27）和式（4.28）可得：

$$\ln \frac{\omega_1^{ch}}{\omega_2^{ch}} = \ln\left[\frac{s_1(\varphi n_1 + n_2) + \varphi s_2(n_1 + \varphi n_2)}{\varphi s_1(\varphi n_1 + n_2) + s_2(n_1 + \varphi n_2)}\right] + \frac{\alpha}{\sigma - 1} \ln \frac{n_1 + \varphi n_2}{\varphi n_1 + n_2},$$

$$\ln \frac{\omega_1^{dh}}{\omega_2^{dh}} = \ln\left[\frac{s_1(\varphi n_1 + n_2) + \varphi s_2(n_1 + \varphi n_2)}{\varphi s_1(\varphi n_1 + n_2) + s_2(n_1 + \varphi n_2)}\right] + \frac{\alpha}{\sigma - 1} \ln \frac{n_1 + \varphi n_2}{\varphi n_1 + n_2} + \ln \frac{1 + f_1}{1 + f_2}$$

$$\tag{4.33}$$

式（4.33）表示在达到均衡之前不同类型人力资本流动与地区实际收入的变化关系。进一步由式（4.28）可得：

$$\frac{\partial \omega^{dh}}{\partial n} = \frac{\alpha}{\sigma F H} \frac{(1-\varphi)(1+f)}{\Delta^{1+\frac{\alpha}{\sigma-1}}} \left\{ \frac{s}{\Delta}\left(\frac{\alpha}{\sigma-1} - 1\right) + \varphi(1-s)\left[\frac{\Delta}{\Delta^{*2}} + \frac{\alpha}{\Delta^*(\sigma-1)}\right] \right\} > 0 \tag{4.34}$$

其中，$\Delta = (1-\varphi)n + \varphi$，$\Delta^* = 1 - (1-\varphi)n$。

（五）模型主要结论

地区异质型人力资本的集聚主要通过两条路径来实现：一是通过人力资本总量中同质型人力资本升级转化为异质型人力资本，即 η、F_i 上升。综合式（4.30）至式（4.34）可得，异质型人力资本的流动会提高地区收入，扩大地区收入差距。二是原有人力资本异质性程度的直接提升，表现为 F_i 上升。路径二并不涉及两类人力资本的相互转化，因此经济体的 η 不变。由式（4.30）、式（4.31）和式（4.34）可得，异质型人力资本的流动会导致地区收入同方向变动。

综合来看，在短期异质型人力资本集聚会引起地区专业化水平的提高，专业化水平的提高又进一步促进异质型人力资本的集聚。在长期，异质型人力资本流入地专业化水平的提高会导致该地区生产能力的提升，以及要素的实际收益率的提高，使当地的经济发展明显高于周边地区，进而扩大地区发展差距。

二 人力资本投入要素效应

人力资本作为投入要素在生产过程中首先会直接提高劳动生产率，进而促进地区经济发展。具体而言，人力资本对劳动生产率的直接影响可分为两个方面。一是以教育形式投入的人力资本会直接给劳动力提供职业教育与技能培训的机会，提高劳动力知识和技能的同时，还可以进一步增强劳动者的学习能力，充分地发挥劳动力解决现实工作问题的创造性能力。新时期，我国传统的劳动力资源优势已经不复存在，为实现高质量的地区发展，需要借助人力资本的投入实现普通劳动力的技能升级，在劳动力供给数量下滑的前提下提升劳动生产率，进而促进区域经济增长。二是医疗卫生等健康人力资本投资能够增强劳动者的身体机能，进而促进劳动生产效率的提升。我国城市工作者时刻面临着高强度的工作压力，长期高强度的工作会使人的脑力与精力逐渐衰退，甚至影响个人健康。健康人力资本的投入则可以使劳动力在工作中保有较高的精力与耐力，从而增加单位劳动力的实际有效劳动时间。因此，通过教育和健康等方式提供的人力资本投入可以通过有效提升劳动力的边际生产效率，最终影响地区发展。

作为要素投入的人力资本除了能够提高劳动者的有效供给，直接增进劳动生产率外，还可以通过技术创新这一中介间接地促进经济发展（Nelson & Phelps，1966）。首先，人力资本是知识创新和技术进步的重要源泉。随着经济全球化的不断深入，伴随着创新活动的技术进步已经成为现代经济增长的关键引擎，而任何科学创造都是人类智慧的结晶，技术创新活动离不开人力资本的不断投入。其次，技术创新的突出表现是技术结构升级。一国的技术结构必须和本国的要素投入结构相匹配（Acemoglu & Zilibotti，2001）。人力资本作为技术创新的核心要素，技术结构的升级首先需要人力资本的结构升级。再次，区别于市场上多数物品，知识资本代表的人力资本具有非竞争性和部分排他性属性，有利于社会生产效率的提升。知识资本的"准公共品"属性保证了技术创新主体单位的经济收益的同时，还可以使社会享有技术创新过程中存在的知识溢出效应。即知识创新单位在提高自身生产效率的同时，也会提高整个社会的生产效率。最后，人力资本是技术扩散的重要载体。Nelson & Phelps（1996）研究发现，技术扩散过程实际上可以理解为人力资本投资与形成过程，而技术扩散活动本身也需要高质量的人力资本进行推动和传播。在其他条件保持不变的前提下，人力资本存量越高的国家或地区，技术模仿的速度越快，技术扩散的范围也越广。简言之，人力资本投入通过改进技术进步与知识创新，会间接促进地区经济的发展。

三 人力资本外部性效应

人力资本外部性对地区经济发展的作用主要表现为两个方面。（1）人力资本的外部性可以改进其他投入要素的生产效率。首先，专业化人力资本在劳动者之间传递，通过知识扩散提高了整个社会的平均人力资本水平，人力资本平均水平的提高可以增强其他生产要素的使用效率，进而增加其他生产要素的边际产出效率。其次，人力资本投资的增加可以适当地减少或替代物质资本的使用数量，进而降低单位产出的投入成本，提高物质资本的生产效率。（2）人力资本外部性可以有效提高社会运行效率。一方面，劳动者人力资本水平的提升会提高自己的工资水平，与此同时伴随着企业人力资本水平的提高，企业内部通过知识传播或技能传授等知识溢出效应极大地改进了其他劳动者的工作技能，进而间接促进了社会整体工资水平的提升。劳动者工资收益的提高将会激发劳动力的积极性，改进社会劳动生产效率。另一方面，劳动技能的增进也有助于提升劳动者的就业能力，减少社会的失业风险。而社会失业率的降低有益于减少犯罪率，保障社会的稳定。此外，人力资本外部性还有助于提高人们文化素质和道德水平，改善人们的诚信观念，降低市场交易成本，提高社会运行效率，最终推动经济增长。

四 人力资本空间溢出效应

传统经济增长理论的研究均建立在均质空间的假设前提下，忽略了人力资本地理空间上的相互依赖性对地区经济发展的影响。然而，伴随着经济全球化时代的到来，国家或地区间通过贸易往来，技术溢出，资本流动以及公共经济政策等渠道，彼此之间联系越发紧密，空间因素在解释经济增长及地区差距时的重要性越发关键。人力资本由于受到空间异质性和经济政策条件等多因素的刺激，更容易形成地理空间分布的不平等。人力资本借助知识与技术的传播，受空间局限的影响较弱，造成人力资本具有较强的空间溢出效应，并且这种溢出效应伴随科技的进步会不断地增强。人力资本空间溢出效应导致人力资本不仅影响着当地经济的发展，同时对邻近地区的经济发展也会产生一定的影响。具体而言，地区人力资本水平的提高首先会促进当地的经济增长，但同时会对周边地区产生较好的示范学习效应，一方面，后发地区可以通过购买先进设备技术来实现知识传播和技术扩散，从而提高后发地区的人力资本存量，带动后发地区经济增长，缓解地区发展差距；另一方面，地区人力资本水平的提高，会增强当地物质资本等其他生产要素的使用效率，进而导致该地区闲置的资本流向其他地区。人力资本提升可以通过优化资源的空间配置，间接地促进其他地区的经济增长，减缓地区间增长差距。

第三节　人力资本路径下城市生活质量对地区发展差距的影响机理

本节内容，在前文关于城市生活质量对人力资本影响机理与人力资本对地区发展差距影响机理研究的基础上，综合分析城市生活质量、人力资本与地区发展差距之间的理论联系。首先，基于人力资本机制路径研究城市生活质量对地区发展差距的影响机理。其次，综合人力资本对地区发展差距的不同影响效应，给出人力资本对地区发展差距影响的总效应评价。

一　人力资本机制路径分析

城市的发展除受到市场力量的推动作用之外，还受非市场力量的影响。Glaeser（2001）指出，城市生活的舒适性可以被当作城市空间生活者享有的一揽子生活产品组合，城市消费相关的城市生活质量和其他市场经济力量一样也在影响着城市的发展。关于城市生活质量如何影响经济增长与城市发展的内在机理研究，Florida（2002）发现，高品质的地方产品与服务对吸引创新型人力资源具有重要影响，高质量的生活环境可以有效驱动人力资本的集聚，而人力资本的集聚为地区经济注入了发展潜力。区别于传统研究中认为企业的打造与引进、产业集群的形成是地区经济发展的基础，城市生活质量理论分析认为，人力资本才是城市与地区发展的基础，人力资本不仅决定着企业区位决策的导向，同时也是产业集群形成与演化的关键力量。此外，城市生活质量理论不仅认识到人力资本对地区经济发展的重要性，更为关键的是该理论还创新性地解决了人力资本集聚的驱动力。随着经济发展水平的提升，人力资本对城市生活质量的需求日益提升，打造良好舒适便捷的城市生活环境，是吸引与培育人力资本的首要基础条件。

人力资本机制下城市生活质量对地区发展差距的影响路径见图4.3。

第四章 城市生活质量、人力资本与地区发展差距的理论机理 | 101

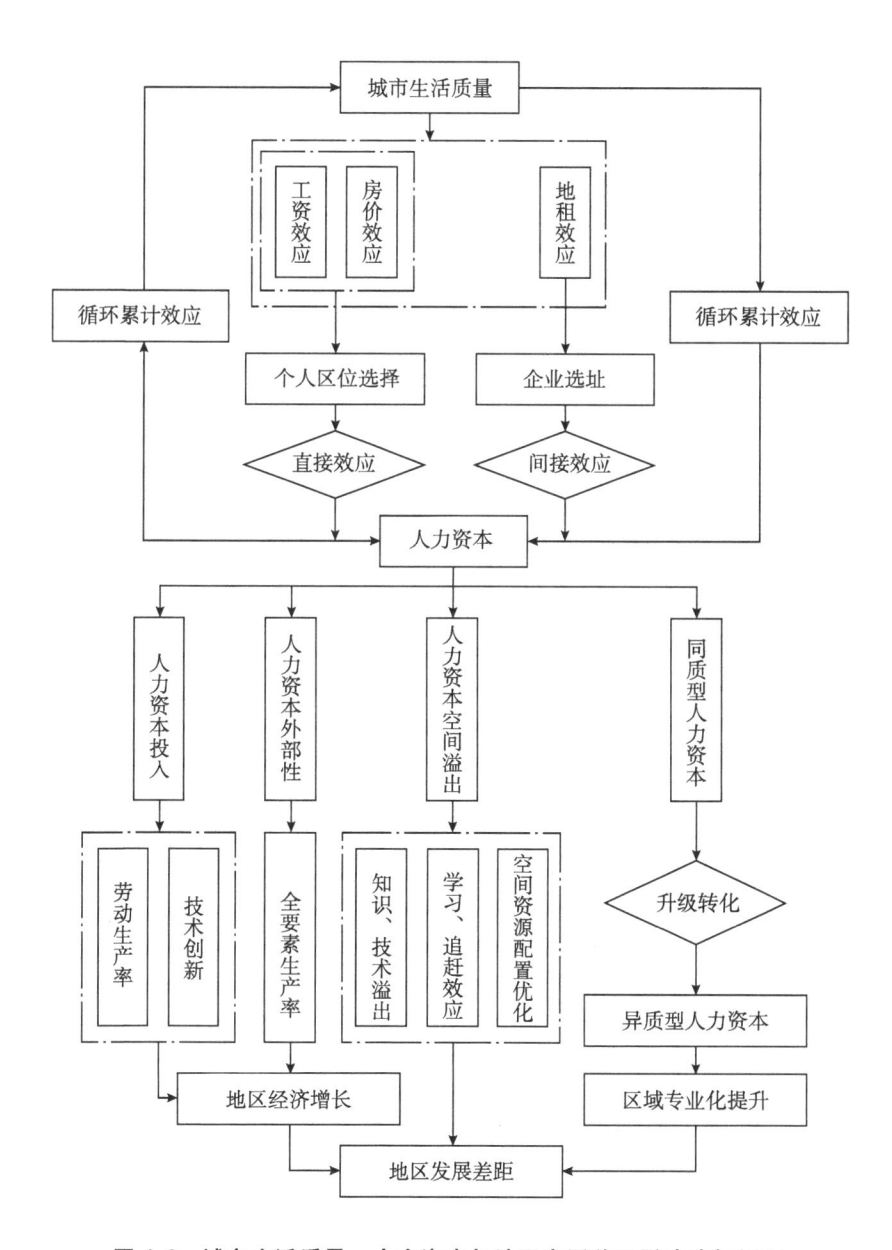

图 4.3 城市生活质量、人力资本与地区发展差距影响路径机理

人力资本是承接城市生活质量对地区发展差距影响的重要机制路径。人力资本作为城市生活质量影响地区发展差距的连接桥梁，在二者之间起到"承上启下"的作用。人力资本对城市生活质量的

"承上"作用表现为人力资本的集聚需要依靠城市生活质量的提升来驱动；而人力资本的"启下"作用则表现为，随着经济发展水平的提升，人力资本在新时期地区发展差距的缓解中发挥着重要的作用。

城市生活质量通过对地区工资、房价与地租的调节效应对个人区位选择与企业的选址产生影响，一方面，个人区位选择会直接促进高城市生活质量地区人口流入，并且根据人力资本对城市生活质量的异质性，城市生活质量的提高更有利于促进高水平人力资本的集聚。另一方面，企业是人力资本集聚的重要场所，企业选址的变化间接地促进了人力资本的流动。并且随着科技水平的提升以及后工业化时代的到来，各类新型科技业态不断涌现，不同企业对城市生活质量需求的异质性表明，城市生活质量高的地区更容易引进高科技创新型企业，而高科技创新型企业又会进一步地吸引高水平人力资本。此外，城市生活质量与人力资本之间还存在循环累积因果联系，城市生活质量促进人力资本提升的同时，人力资本的集聚又会进一步地提升城市生活质量，进而形成城市生活质量与人力资本相互促进的完美闭环。因此，在三大效应综合作用下，城市生活质量成为人力资本集聚的内在驱动力。

人力资本作为长期经济增长的内在动力，随着经济质量的提升，高质量经济发展阶段人力资本对区域经济发展与缓解地区发展差距的作用更大。具体而言，人力资本主要从以下四个方面对地区发展差距产生影响。首先，异质型人力资本的提升短期来看会进一步加速人力资本的集聚，长期来看，异质型人力资本的提高会提升地区专业化水平，进而拉大地区发展差距。其次，教育、医疗等人力资本投入要素通过直接提升劳动力的生产效率，促进地区经济增长；知识资本要素的投入通过改进技术进步与知识创新，提升全要素生产率，间接促进地区经济的发展。然而，作为要素投入的人力资本虽然可以促进地区经济增长，但是对于地区差距的影响并不清晰。再次，人力资本外部性效应的存在，一方面有助于提升其他要素的

第四章　城市生活质量、人力资本与地区发展差距的理论机理

生产效率；另一方面也会提升社会制度运行效率，促进区域经济增长的同时有利于缓解地区发展差距。最后，人力资本在地理空间上的溢出效应通过知识与技术的空间溢出为周边地区提供了较好的学习与追赶机会，优化了资源要素的空间配置，极大地缓解了地区间的发展差距。

综合分析人力资本机制路径下，城市生活质量对地区发展差距的影响效应发现，城市生活质量可以有效地促进人力资本的提升，高质量经济增长阶段，城市生活质量是人力资本集聚的重要驱动因素。但是，由于人力资本影响地区发展差距的四大效应中，不同的影响路径下人力资本既可能拉大地区发展差距（异质型人力资本路径），又可能缓解地区发展差距（人力资本外部性与空间溢出路径），导致人力资本对地区发展差距的总效应并不明确。因此，人力资本路径下城市生活质量对地区发展差距的总效应具有不确定性，尚待下文进一步的分析。

二　人力资本总效应分析

综合分析人力资本影响地区发展差距的四大作用路径，具体来看：（1）异质型人力资本流入地区专业化水平的提高会导致该地区生产能力的提升，要素实际收益率的提高使得当地的经济发展明显高于周边地区，最终扩大地区发展差距。（2）人力资本投入要素通过健康与教育人力资本的投入提升当地的劳动生产率，通过知识资本投入改进技术创新间接提升当地的经济发展水平，但对地区发展差距的影响效应并不明确。（3）人力资本外部性效应的发挥，有利于提升社会的全要素生产率，进而促进地区经济发展的同时，缓解地区发展差距。（4）人力资本的空间溢出效应，通过知识与技术的空间溢出为周边地区提供了较好的学习与追赶机会，有利于优化资源的空间配置，促进区域产业分工与协作，进而减小地区发展差距。在现实中，人力资本对地区发展差距的总效应是上述四大效应综合起作用的结果。四大效应中，异质型人力资本效应长期倾向于扩大地区发展差距。人力资本投入要素效应虽然有利于促进当地经

济增长，但对地区发展差距的影响并不确定。人力资本的外部性及空间溢出效应则有利于缩小地区发展差距。因此，人力资本对地区发展差距影响的总效应具有不确定性。

但是，为了明确人力资本对地区发展差距的影响效应，本书选择进一步区分初期人力资本禀赋的大小。当初期人力资本禀赋较低时，异质型人力资本水平较弱，人力资本投入数量也相对不足，导致人力资本扩大地区发展差距的效应较小；相反，由于人力资本数量较小反而可能导致边际人力资本的提升更为珍贵，此时人力资本的外部性及空间溢出效应相对较强，因此，初始人力资本禀赋较弱时，人力资本的提升可能会缩小地区发展差距。此外，随着人力资本的不断积累，异质型人力资本扩大地区发展差距的效应开始增强，但与此同时人力资本外部性与空间溢出效应缩小地区发展差距的影响也在同步增长。最终，异质型人力资本效应是否可以占主导？以及异质型人力资本可以占主导的情况下，异质型人力资本效应超越外部性与空间溢出效应的转折点在何时出现？这两个问题均不明确，尚待进一步的研究。基于上述讨论，本书得到关于人力资本影响地区发展差距的两个假说如下：

假说2：人力资本禀赋较低时，人力资本的提升可以缩小地区发展差距。

假说3：人力资本禀赋较高时，人力资本的提升对地区发展差距的影响效应并不明确。

第四节　本章小结

本章为城市生活质量、人力资本与地区发展差距的理论机理研究。首先，分析城市生活质量影响人力资本集聚的内在机理；其次，探析人力资本对地区发展差距影响的理论机理；最后，基于人力资本机制路径研究城市生活质量对地区发展差距的影响机理。

第四章　城市生活质量、人力资本与地区发展差距的理论机理

城市生活质量影响人力资本集聚的理论机理研究表明，城市生活质量主要通过三大效应对人力资本产生影响。一是城市生活质量通过个人区位选择的直接效应促进个人流向高城市生活质量的地区，并且根据个人所拥有的人力资本异质性分析，城市生活质量的提高更有利于促进高水平人力资本的集聚。二是城市生活质量通过影响企业选址间接地促进人力资本的集聚。随着科技水平的发展以及后工业化时代的来临，各类新型经济业态不断涌现，企业尤其是高科技企业的选址更加重视对城市生活质量因素的考虑。企业是人力资本的重要集聚场所，因此，城市生活质量对企业选址的影响间接地促进了人力资本的进一步集聚。三是城市生活质量与人力资本之间的循环累积因果效应。城市生活质量的提升不仅会促进人力资本的集聚，人力资本的集聚反过来也会进一步提升城市生活质量。二者之间就此形成的因果循环联系会加速人力资本的集聚。城市生活质量对人力资本发挥作用的三大效用均是正向的，由此得出本书的假说1：城市生活质量的提高有利于城市人力资本水平的提升。

人力资本对地区差距的影响机理主要通过四条路径来实现。首先，异质型人力资本的提升短期来看会进一步加速人力资本的集聚，长期来看，异质型人力资本的提升会促进地区差距的扩大。其次，教育、医疗等人力资本投入要素通过直接促进劳动力的生产效率，促进地区经济增长；知识资本要素的投入通过改进技术进步与知识创新，提升全要素生产率，间接促进地区经济的发展。然而，作为要素投入的人力资本虽然可以促进地区经济增长，但是对于地区差距的影响并不清晰。再次，人力资本外部性效应，一方面有助于提升其他要素的生产效率；另一方面也会提升社会制度运行效率，促进区域经济增长的同时缓解地区发展差距。最后，人力资本在地理空间上的溢出效应有利于缓解地区发展差距。在现实中，人力资本对地区发展差距的总效应是上述四大效应综合起作用的结果。因此，人力资本对地区发展差距影响的总效应具有不确定性。

人力资本是城市生活质量对地区发展差距影响的重要机制路径。

人力资本作为城市生活质量影响地区发展差距的连接桥梁，在两者之间起到"承上启下"的连接作用。区别于传统研究中认为企业的打造与引进、产业集群的形成是地区经济发展的基础，城市生活质量理论分析认为，人力资本才是城市与地区发展的基础，人力资本不仅决定着企业区位决策的导向，同时也是产业集群形成与演化的关键力量。城市生活质量理论不仅认识到人力资本对地区经济发展的重要性，而且人力资本的集聚需要依靠城市生活质量的提升来驱动。

最后，进一步区分初期人力资本禀赋情况下，分析人力资本对地区发展的总效应发现：一方面，当初期人力资本禀赋较低时，异质型人力资本水平较弱，人力资本投入数量也相对不足，导致人力资本扩大地区差距的效应较小；相反，由于人力资本数量较小反而可能导致边际人力资本的提升更为珍贵，此时人力资本的外部性及空间溢出效应相对较强，因此，初始人力资本禀赋较弱时，人力资本的提升可能会缩小地区发展差距（假说2）。另一方面，随着人力资本的积累，异质型人力资本扩大地区差距的效应开始显现，但与此同时人力资本外部性与空间溢出效应缩小地区差距的影响也在同步增长。最终，异质型人力资本效应是否可以占主导以及异质型人力资本占主导的情况下，异质型人力资本效应超越外部性与空间溢出效应的转折点在何时出现？这两个问题均不明确，尚待进一步的研究。因此，当人力资本禀赋较高时，人力资本的提升对地区发展差距的影响效应并不明确（假说3）。

第五章　城市生活质量对人力资本影响效应的实证分析

人力资本理论提出人力资本是驱动区域经济增长的主要原因，但并未解释导致人力资本集聚的因素。关于人力资本流动与集聚的动力机制问题尚待研究。近年来，兴起的城市生活质量理论认为，城市发展的根源是由于城市舒适便捷的生活环境吸引了各类人力资本的集聚。随着经济发展水平的提高，城市生活质量通过影响个人的区位选择与企业的选址促进人力资本向高生活质量的地区集聚，城市生活质量较高的地区更容易吸引人力资本的集聚（Glaeser and Tobio，2008）。

本章在前文城市生活质量对人力资本影响机理研究的基础上，实证检验城市生活质量对人力资本影响效应的大小，以验证第四章提出的假说 1 是否成立。本章内容如下：首先，介绍城市生活质量对人力资本影响效应检验的模型设计及相关数据来源。其次，分析城市生活质量对人力资本的平均影响效应，并进行相关的稳健性及内生性检验。最后，基于不同视角的区域异质性及城市发达程度差异分析城市生活质量影响人力资本的异质性。

第一节　模型设计与数据来源

本节首先介绍了城市生活质量对人力资本影响的实证模型设计思路；其次对城市生活质量、人力资本及相关控制变量的变量选择以及数据来源进行说明；最后对城市生活质量、人力资本及控制变量数据做描述性统计分析。

一 基准模型设定

为了验证前文分析中城市生活质量的变化对城市人力资本的促进效应，本研究设定基准回归模型如下：

$$y_{it} = \alpha + \beta_1 QOL_{it} + \beta_2 X_{it} + \gamma_i + \delta_t + \varepsilon_{it} \tag{5.1}$$

其中，i 表示城市个体，t 表示年份；被解释变量 y_{it} 表示我国城市 i 在 t 期的人力资本，为了深入分析城市生活质量对城市人力资本的影响情况，下文被解释变量进一步区分了城市人力资本总量与城市人均人力资本数量；核心解释变量 QOL_{it} 表示城市 i 在 t 期的城市生活质量水平，核心解释变量的系数 β_1 为后文实证分析重点关注的对象，若 $\beta_1>0$，则表明城市生活质量的提高将会促进人力资本的增加，符合前文理论分析的预期；为了尽可能剔除城市层面其他可能影响城市人力资本的因素，控制变量 X_{it} 主要考虑了城市发展规模、收入水平、产业集中度、基础设施水平和开放程度等城市层面的经济变量；此外，本书还考虑了城市层面与时间维度的固定效应，γ_i 为城市固定效应，用于控制城市层面不随时间变化但有可能影响城市人力资本的城市不可观测特征。δ_t 表示年份固定效应，用来捕获某一特定年份因素对城市人力资本的冲击影响，ε_{it} 为随机误差项。为了解决模型中潜在的序列相关和异方差问题，遵照 Bertrand 等 (2004) 的建议将标准误聚类到城市层面。

二 变量说明

（一）被解释变量

本节被解释变量为城市人力资本水平，现有研究中对人力资本指标的刻画多采用受教育年限指标，但是受限于城市历年分类的受教育年限数据难以获得，本书借鉴朱平芳和徐大丰（2007）改进的收入法测度我国城市人力资本的数据，具体测算方法见第三章第二节。本书在城市人均人力资本的基础上，进一步通过城市就业数据测算得到城市人力资本总量指标。

（二）核心解释变量

本节核心解释变量为城市生活质量 QOL。不同于现有研究中多数采用的加权综合城市生活质量指标，本书选择空间一般均衡理论基础下的城市生活质量测度方法，以 Albouy（2009）关于城市生活质量的研究为基础，受城市微观数据可得性的限制，在具体测度过程中借鉴南开大学中国区域经济应用实验室（China REAL）城市发展指数体系中城市生活质量指数的构造方法，具体测度方法说明见第三章第一节有关内容。

（三）控制变量

已有研究中关于人力资本增长的影响因素，主要包括城市发展规模、收入水平、产业集中度、基础设施水平和开放程度等城市层面的经济变量，具体指标含义如下。

城市收入水平。人力资本以人为载体，而人在区域间流动追求效用最大化的过程中，收入因素起到关键作用（李天健和侯景新，2015）。一般而言，人均收入较高的地区往往更容易吸引人力资本集聚，据此，本书选择城市人均可支配收入指标测度个体城市收入水平的大小。

城市产业结构专业化程度。Krugman（1991）发现人力资本与物质资本一样，会受到产业集聚的影响而流向区域专业化水平较高的地区。因此，借鉴刘智勇等（2018）与王菲和李善同（2019）研究地区专业化程度的指标来比较区域产业结构的相似性。本书选择，采用赫芬达尔指数（Herfindahl index）来衡量城市产业结构的绝对专业化程度，赫芬达尔指数 $H_i = \sum_j (s_{ij})^2$，其中，s_{ij} 表示城市 i 中产业 j 所占的就业比重，假如城市的所有就业都集中在一个产业，那么 $H_i = 1$，表示该城市的专业化程度达到最高；而当城市所有行业的就业比重都相同时，有 $H_i = 0$，此时城市专业化程度最低。总体来看，H_i 指数越大，表明城市的专业化程度越高，产业结构的多样化水平就越低。

每万人医疗床位数。人力资本的迁移选择往往都倾向于拥有更好的基础公共服务设施。教育与医疗是人们比较看重的两项城市公共服务指标，考虑到教育指标与人力资本可能存在的高度相关性，本书采用城市每万人医疗床位数来反映城市基础公共服务对人力资本的影响。

经济规模。居民流动过程中往往都会向往大城市与发展较好的地区，一方面，发展水平较高的地区会提供更多的就业机会；另一方面，基于消费便利性的角度，发达地区便捷的公共服务设施也是影响人力资本流入的重要因素。因此，本书选择使用城市经济总量指标进一步控制城市规模因素对人力资本的影响。

地方保护。代表地方保护大小的指标包括政府干预程度与开放水平，其中政府干预指标，选择地区财政支出占 GDP 的比重来度量。开放水平选择外商实际投资占 GDP 的比重来度量。

城市人口密度。单位面积城市人口的数量，一方面，反映了城市的发达程度及城市对人们的吸引力等正面效应。另一方面，城市人口的密集程度也意味着城市生活的拥挤程度等负面因素。无论是代表城市发展潜力的正面效应还是拥挤带来的负面效应均会对人力资本的迁移选择产生影响，因此，本书选择进一步控制城市人口密度，并采用城市人口数量比城市行政区域面积表示城市人口密度大小。

三 数据来源及描述性统计

受限于城市生活质量的计算，本书研究时间为 2013—2018 年，相关数据来源情况如下。

被解释变量人力资本测度使用的城市工资、劳动力就业、劳动收入数据主要自《中国城市统计年鉴》（2013—2018）与《中国区域经济统计年鉴》（2013—2018）。

解释变量城市生活质量测度使用的数据主要包括历年各城市房价与工资数据。其中各城市工资数据来自《中国城市统计年鉴》（2013—2018）职工平均工资指标，历年城市房价数据来自安居客网站收集整理得到，并进一步使用司尔亚司数据信息有限公司

（CEIC）中国经济数据库提供的中国各城市商品房销售价格数据做补充检验。关于城市生活质量测度中其他参数的计算数据来源于《中国统计年鉴》（2020）。

控制变量使用的数据主要来自《中国统计年鉴（2020）》、《中国城市统计年鉴》（2013—2018）及"中经网城市年度数据库"与"CEIC 中国经济数据库"。主要变量的描述性统计见表 5.1。

表 5.1　　　　　　　　主要变量的描述性统计

变量类别及名称（被解释变量）	观测数	均值	标准差	最小值	最大值
城市人力资本总量	1606	4.788	2.456	-4.169	12.353
城市人均人力资本	1606	1.156	1.975	-6.115	6.324
核心解释变量					
城市生活质量	1209	-0.074	0.213	-0.58	0.926
控制变量					
产业相似度	1692	-1.82	0.336	-2.602	-0.049
万人医疗床位	1692	3.797	0.34	2.657	4.925
经济规模	1692	14.966	0.89	12.627	17.952
经济开放度	1636	10.084	1.939	1.099	14.941
人均可支配收入	1685	10.549	0.237	9.783	11.577
政府干预	1691	-1.692	0.427	-3.126	-0.088
人口密度	1692	5.744	0.924	1.742	7.882

注：相关数据均采用原始数据取对数形式。

第二节　城市生活质量对人力资本的影响效应估计

基于前文关于城市生活质量影响人力资本的实证模型设计，本节实证检验了城市生活质量对人力资本的平均影响效应。具体而言，首先，分析城市生活质量影响人力资本的平均效应。其次，分别基于城市生活质量指数的变化与控制变量指标的变化对基准模型进行稳健性检验。最后，讨论城市生活质量对人力资本影响效应的内生性问题，并使用城市生活质量滞后期作为 IV 的 GMM 估计检验基准模型的有效性。

一 城市生活质量影响人力资本的平均效应

根据基准回归模型检验得到的城市生活质量对城市人力资本影响的平均效应见表 5.2。其中，第（1）列和第（2）列为不控制城市与时间固定效应情况下的回归结果。第（1）列和第（2）列分别表示城市生活质量对城市人力资本总量与人均人力资本的影响效应，结果显示城市生活质量的提升会显著地促进城市人力资本总量与人均人力资本总量的提升。第（3）列和第（4）列进一步控制城市、时间固定效应后，城市生活质量的提升依然会显著促进城市人力资本总量与城市人均人力资本水平的提升。加入城市、时间固定效应后，回归系数有所减小，变得更合理，表明需要控制城市个体与时间效应。综合来看，城市生活质量可以有效提升城市人力资本水平，平均而言，单位城市生活质量的提高会导致城市人力资本总量提升约 75.5%，而人均人力资本也会提高约 67.6%。实证分析表明，城市生活质量的提高的确有利于城市人力资本水平的提升，假说 1 得到验证。新时期，高质量经济发展阶段，城市生活质量将成为影响人力资本流动的关键性因素。

根据表 5.2，进一步分析其他城市特征的控制变量对人力资本的影响效应。城市产业专业化程度、基础公共服务水平（万人医疗床位）、经济发展规模等反映城市正向指标的变量系数均显著为正，表明经济发展水平较高、基础公共服务较好与城市产业结构更为合理等因素均有利于促进人力资本的提升。城市人均收入水平对城市生活质量也产生显著的正向影响，表明城市收入水平的高低依旧是人力资本考虑的一个因素。城市人口密度系数在控制城市、年份固定效应后并不显著但是系数为负，与城市人口拥挤会给人力资本带来负面效应的现实相吻合。

表 5.2　城市生活质量对人力资本的平均影响效应

	（1）人力资本总量	（2）人均人力资本	（3）人力资本总量	（4）人均人力资本
城市生活质量	1.021***	0.787***	0.757**	0.676**
	(0.332)	(0.298)	(0.355)	(0.318)
产业专业化程度	1.773***	1.569***	1.569***	1.361***
	(0.174)	(0.157)	(0.380)	(0.338)
万人医疗床位	2.130***	1.880***	1.135***	1.036***
	(0.183)	(0.167)	(0.344)	(0.307)
经济规模	1.758***	0.782***	0.457	-0.052
	(0.122)	(0.111)	(0.481)	(0.437)
开放水平	-0.206***	-0.195***	-0.060*	-0.058*
	(0.045)	(0.042)	(0.033)	(0.031)
收入水平	0.075	0.525**	2.374***	2.683***
	(0.293)	(0.268)	(0.713)	(0.641)
政府干预	2.567***	2.152***	0.639**	0.635**
	(0.230)	(0.214)	(0.322)	(0.283)
人口密度	0.565***	0.505***	-0.010	-0.052
	(0.123)	(0.112)	(0.528)	(0.465)
常数项	-24.219***	-17.843***	-25.640**	-24.705***
	(2.920)	(2.656)	(10.454)	(9.504)
城市固定效应	否	否	是	是
时间固定效应	否	否	是	是
观测值	1172	1172	1172	1172
R-squared	0.496	0.327	0.383	0.403

注：*、**、*** 分别表示 10%、5% 和 1% 的显著性水平。

二　稳健性检验

本小节在前文城市生活质量对人力资本平均影响效应分析结论的基础上，进一步分析研究结论的稳健性。关于城市生活质量对人力资本影响效应的稳健性检验主要分为两个方面：一是基于城市生活质量测度的变化。由第三章第一节可知，在城市生活质量测度中的城市房价数据来源包括安居客网站收集整理与司尔亚司数据信息有限公司（CEIC）中国经济数据库提供的中国各城市商品房销售价格数据，并且前文已经验证了两种不同来源的数据测度的城市生活质量是高度相关的。前文实证分析中使用的城市生活质量指标是根据安居客网站整理的城市房价数据计算得到的。为了验证城市房价数据来源差异可能导致城市生活质量对人力资本影响效应的差异，本书选择使用 CEIC 中国经济数据库提供的中国城市商品房销售价格测度的城市生活质量对基准模型做稳健性检验。二是本书进一步替换其他控制变的测度指标，具体包括：以城市产业结构相似系数①替换赫芬达尔指数表示城市产业专业化程度，以城市人均可支配收入替代城市职工人均工资指标表示城市收入水平，以每万人剧院数量替换每万人医院床位数表示城市公共服务指标。具体的稳健性检验结果见表 5.3，两类稳健性检验结果显示，城市生活质量对人力资本总量与人均人力资本的影响效应均未发生根本性变化，验证了前文分析结果的稳健性。

表 5.3　　　　　　　　稳健性分析及内生性检验结果

	变换 QOL 指数		替换控制变量指标		QOL 滞后项作为 IV	
	人力资本总量	人均人力资本	人力资本总量	人均人力资本	人力资本总量	人均人力资本
城市生活质量	2.648*** (0.386)	2.419*** (0.350)	3.340*** (0.519)	2.924*** (0.453)	2.654** (2.32)	2.374** (2.32)
控制变量	是	是	是	是	是	是
城市固定效应	是	是	是	是	是	是
时间固定效应	是	是	是	是	是	是
Chi-sq (1) P-val					0.0000	0.0000

---

① 借鉴王菲和李善同（2019），产业机构相似系数 $DS_j = \sum_i |s_{ij} - s_i|$，其中 s_{ij} 含义同赫芬达尔指数中一样，s_i 表示所有城市 i 产业的就业比重。

续表

	变换 QOL 指数		替换控制变量指标		QOL 滞后项作为 IV	
	人力资本总量	人均人力资本	人力资本总量	人均人力资本	人力资本总量	人均人力资本
Cragg-Donald Wald F statistic					71.804	71.804
F					23.891	25.450
观测值	1172	1172	906	906	874	874
R-squared	0.511	0.347	0.545	0.424	0.281	0.295

注：*、**、***分别表示10%、5%和1%的显著性水平。Chi-sq（1）P-val 为工具变量不可识别检验的 LM 统计量的 P 值；Cragg-Donald Wald F statistic 为弱工具变量检验的统计值。

三 内生性问题讨论

本小节在前文城市生活质量对人力资本平均影响效应的基础上就城市生活质量和人力资本可能存在的互为因果导致的内生性问题进行讨论。本章城市生活质量与人力资本的内生性可能由以下两个问题导致：一是城市生活质量与人力资本之间可能存在的相互影响，即二者互为因果。第四章第一节已经说明了城市生活质量与人力资本之间可能存在循环累积因果联系。二是可能存在的遗漏变量的问题。城市人力资本的影响因素是多方面的，在控制变量选取时，受限于城市数据的可得性约束，难免会遗漏一些影响因素。此外，还存在一些难以量化的因素如人文环境、个体偏好与城市发展政策等，而这些遗漏变量无疑也会对城市人力资本产生影响，进而导致内生性问题。因此，为了防止内生性问题造成的估计偏误，本书进一步对城市生活质量变量进行了内生性检验，Hausman 检验结果的 p 值为 0.000，强烈拒绝原假设，说明城市生活质量与人力资本之间存在内生性问题，验证了前文分析中城市生活质量与人力资本的循环累积因果效应。为解决内生性问题，本书进一步选择城市生活质量滞后一期值作为工具变量，并选择广义矩估计法（GMM）

进行估计。

表5.3内生性检验结果显示，不可识别检验的p值和弱工具变量检验对应的F统计值均表明选择的工具变量是有效的。此外，城市生活质量的估计系数并未产生明显的变化，充分验证了城市生活质量的提高可以同时促进城市人力资本存量与人均人力资本水平。无论是否考虑内生性问题，研究结论均未发生根本性的改变，说明前文估计结果是稳健的。

第三节 城市生活质量对人力资本影响的异质性分析

本节在前文城市生活质量对人力资本平均影响效应分析的基础上，根据城市的区域地理空间异质性与发达程度的差异，进一步分析城市生活质量影响人力资本的异质性效应。具体而言，首先通过我国地理区域东、中、西三大板块的划分来对城市所属的地理空间板块进行分类，并对比分析每一区域板块内部城市生活质量对人力资本影响效应的异质性。其次，根据内陆与沿海区域对城市进行分组，对比分析内陆城市与沿海城市内部城市生活质量对人力资本影响效应的差异。最后，打破空间区域的限制，从经济发展水平视角区分城市发达程度的差异带来的城市生活质量对人力资本影响效应的异质性。

一 城市生活质量影响人力资本的区域异质性分析

我国国土空间幅员辽阔，不同地区之间享有的资源禀赋、自然条件及社会经济条件差距都比较大，由此天然的造成我国不同地区之间生活质量、人力资本存在较大的差距。区域差异因素可能会给城市生活质量对城市人力资本的影响带来异质性效应。因此，在平均影响效应分析的基础上，进一步考察城市生活质量对人力资本影响的区域异质性。具体而言，本书借助东部、中部与西部三大区域板块的划分，分别就基准回归模型对三大区域内部的城市进行分样本检验，具体检验结果见表5.4。

表5.4 城市生活质量对城市人力资本影响的区域异质性

	城市人力资本总量			城市人均人力资本		
	东部	中部	西部	东部	中部	西部
城市生活质量	0.439 (0.362)	1.877*** (0.554)	1.010 (0.842)	0.480 (0.320)	1.590*** (0.501)	0.966 (0.736)
产业专业化程度	0.395 (0.395)	3.550*** (0.459)	0.977*** (0.360)	0.264 (0.349)	3.103*** (0.415)	0.911*** (0.315)
万人医疗床位	0.672 (0.407)	0.208 (0.371)	1.964*** (0.482)	0.669* (0.360)	0.181 (0.336)	1.722*** (0.422)
经济规模	3.953*** (0.712)	4.108*** (0.854)	−0.161 (0.651)	3.176*** (0.629)	3.400*** (0.771)	−0.742 (0.569)
开放水平	−0.019 (0.061)	−0.236*** (0.075)	0.017 (0.043)	−0.010 (0.054)	−0.221*** (0.068)	0.013 (0.038)
收入水平	2.535*** (0.698)	2.114*** (0.706)	2.160** (1.077)	2.959*** (0.617)	2.221*** (0.638)	2.764*** (0.941)
政府干预	1.997*** (0.386)	−1.377** (0.538)	0.410 (0.770)	1.824*** (0.341)	−1.152** (0.486)	0.275 (0.673)
人口密度	−0.494 (0.969)	−2.294*** (0.743)	0.392 (0.520)	−0.385 (0.857)	−2.113*** (0.671)	0.227 (0.455)
常数项	−76.730*** (13.575)	−57.887*** (15.545)	−22.243 (13.979)	−74.553*** (11.997)	−53.667*** (14.049)	−21.861* (12.220)
城市固定效应	是	是	是	是	是	是
时间固定效应	是	是	是	是	是	是
观测值	431	350	260	431	350	260
R-squared	0.542	0.632	0.225	0.574	0.645	0.266

注：*、**、***分别表示10%、5%和1%的显著性水平。

结果显示，东部城市样本的回归系数最小，明显小于中西部地区的样本系数，并且显著性方面，东部地区样本的系数也不显著，表明相对于平均效应，东部地区内部城市生活质量对城市人力资本的促进作用明显变弱。而中部地区内部，城市生活质量的提升极大地促进了城市人力资本的增长，其促进效应大小要高于平均效应。东部与中部分样本回归结果的这一巨大差异，可能是由于东部地区城市生活质量水平明显高于中西部地区，由此导致城市生活质量进一步提升对人力资本影响的边际效应锐减，使东部地区内部城市生活质量对人力资本的影响并不显著。然而，根据城市生活质量边际效应递减的解释来看，城市生活质量最低的西部地区，应该具有更高的城市生活质量对城市人力资本的影响效应，但检验结果却并非如此。从西部内部的影响系数来看，系数大小明显高于东部地区，但由于在城市生活质量的测度时，西部多数城市的房价相关数据缺失，导致西部城市样本缺失较多，进而影响了西部城市样本系数的显著性。在区域异质性分析中城市生活质量对人力资本总量与城市人均人力资本的影响效应结果基本保持一致。

二 沿海与内陆地区城市生活质量影响人力资本的异质性

在经济全球化与贸易自由化的国际发展环境下，沿海地区具有天然的发展优势。一方面，在全球贸易中海洋就是一条天然的低成本海上"高速公路"，海洋运输无论从运输成本上还是运输规模上都要优于陆路运输，是否拥有天然的出海口是能否有效融入国际贸易的关键因素。相对于内陆地区，沿海地区可以更好地融入国际贸易分工当中，进而取得发展的领先优势。另一方面，海洋还为沿海地区带来了舒适宜人的气候与生态环境，除了发展优势，沿海地区的自然环境质量也要相对优于内陆地区。因此，本书关于区域异质性的分析除东部、中部与西部三大板块的划分之外，进一步根据城市属于沿海城市[①]或者内陆城市来划分区域异质性。研究方法同三大板块的划分一样，分别就基准回归模型对内陆、沿海进行分样本

---

① 《中国海洋统计年鉴2015》给沿海地区下的定义是指有海岸线（大陆岸线和岛屿岸线）的地区，按行政区划分为我国有9个沿海省、1个自治区、2个直辖市、53个沿海城市。

回归,回归结果见表5.5。沿海与内陆地区城市生活质量影响人力资本的异质性分析结果显示,相对于沿海地区,内陆地区城市生活质量的提升更能够促进城市人力资本的提高。关于沿海与内陆地区城市生活质量对城市人力资本影响的这一异质性的原因依旧可以从城市生活质量边际效应递减的角度进行解释。沿海地区本身具有较高的城市生活质量,导致沿海地区城市生活质量的进一步提升对城市人力资本的边际效应锐减,即沿海地区城市生活质量影响系数变小,且不再显著。

表5.5 沿海与内陆地区城市生活质量对城市人力资本影响的异质性

	人力资本总量		人均人力资本	
	沿海	内陆	沿海	内陆
城市生活质量	0.444 (0.363)	1.338*** (0.435)	0.403 (0.325)	1.167*** (0.400)
产业专业化程度	1.807*** (0.252)	0.705 (0.470)	1.596*** (0.225)	0.562 (0.432)
万人医疗床位	1.068*** (0.286)	1.429*** (0.408)	0.955*** (0.256)	1.387*** (0.375)
经济规模	0.176 (0.390)	0.950 (0.675)	-0.299 (0.349)	0.214 (0.620)
开放水平	-0.053* (0.030)	-0.083* (0.050)	-0.051* (0.027)	-0.082* (0.046)
收入水平	2.497*** (0.479)	2.747*** (0.739)	2.817*** (0.428)	3.022*** (0.679)
政府干预	0.470 (0.311)	0.795* (0.444)	0.478* (0.278)	0.795* (0.408)
人口密度	-0.105 (0.420)	-0.921 (1.001)	-0.160 (0.376)	-0.798 (0.919)
常数项	-21.889*** (7.444)	-33.215*** (11.902)	-21.388*** (6.658)	-29.652*** (10.931)
城市固定效应	是	是	是	是
时间固定效应	是	是	是	是

续表

	人力资本总量		人均人力资本	
	沿海	内陆	沿海	内陆
观测值	913	259	913	259
R-squared	0.375	0.507	0.398	0.521

注：*、**、***分别表示10%、5%和1%的显著性水平。

城市生活质量对城市人力资本影响效应的区域异质性分析结果表明，相对于初始生活质量较高的东部沿海地区，内陆与中部地区城市生活质量的提高更能够促进城市人力资本的提升。这一实证结论背后的现实经济含义首先揭示了广大内陆、中部地区的城市生活质量明显低于东部沿海地区的窘境可能是导致此类地区人力资本大量流失的一大原因。其次，对于内陆、中部地区如果可以有效地改善城市生活质量，那么就可以极大地促进人力资本的流入，这一结论对内陆、中部地区的发展政策具有较好的指导意义。

三 基于城市发达程度差异的异质性影响效应

前文分析了城市地理空间区域差异下城市生活质量影响人力资本的异质性。然而，城市经济发展水平的不同会对城市生活质量对人力资本的影响产生何种异质性效应？为分析这一问题，下文以城市样本初期的经济发展水平来区分城市初始发达程度的差异。具体而言，以样本起始年份2013年所有城市的平均GDP为标准，将2013年城市GDP高于这一均值水平的城市归类为高发达度城市；反之则归类为低发达度城市。因此，高发达度城市组表示城市初始发展水平较高的城市，而低发达度城市组则代表初始发展水平较低的城市。进而根据发达度分组对基准模型进行回归，结果见表5.6。不同初始发达程度的城市生活质量对人力资本的影响异质性结果显示，相对于初始发展水平较低的城市，初始发展水平较高时城市生活质量的提高更有利于促进城市人力资本的提升。探析不同发达程度给城市生活质量带来的这一异质性影响效应，可以发现人力资本对城市生活质量的追求还需要建立在一定程度的经济发展水平上。这也解释了现实人力资本集聚的各大城市往往同时兼具生活质量与发展质量,但一些生活舒适、自然风光秀丽的田园风光城市由于缺乏经济发展水平的支撑,仅能吸引游客暂时的光临,而不足以让人力资本安家落户与此。

表5.6　　城市发达程度差异下城市生活质量对人力资本影响的异质性

	城市人力资本总量		城市人均人力资本	
	低发达度	高发达度	低发达度	高发达度
城市生活质量	-0.156 (0.567)	1.028*** (0.354)	-0.211 (0.504)	0.940*** (0.320)
产业专业化程度	1.725*** (0.311)	1.264*** (0.322)	1.557*** (0.277)	0.999*** (0.291)
万人医疗床位	1.092*** (0.385)	1.188*** (0.329)	0.911*** (0.343)	1.158*** (0.298)
经济规模	-0.089 (0.533)	0.923** (0.439)	-0.594 (0.474)	0.402 (0.397)
开放水平	-0.014 (0.037)	-0.128*** (0.038)	-0.014 (0.033)	-0.122*** (0.034)
收入水平	1.757** (0.757)	2.282*** (0.482)	2.059*** (0.673)	2.648*** (0.436)
政府干预	0.229 (0.461)	0.872*** (0.306)	0.282 (0.410)	0.825*** (0.276)
人口密度	0.462 (0.615)	-0.339 (0.483)	0.255 (0.548)	-0.237 (0.437)
常数项	-15.090 (10.603)	-29.273*** (8.348)	-12.447 (9.432)	-30.303*** (7.546)
城市固定效应	是	是	是	是
时间固定效应	是	是	是	是
观测值	454	718	454	718
R-squared	0.379	0.409	0.398	0.431

注：*、**、***分别表示10%、5%和1%的显著性水平。

第四节　本章小结

本章在前文城市生活质量对人力资本影响理论机理研究的基础上，实证检验了城市生活质量对人力资本影响效应的大小。通过分析城市生活质量对人力资本的平均影响效应及相关的稳健性及内生性检验验证了前文假说1的成立。此外，基于不同视角的区域异质性及城市发达程度差异分析城市生活质量影响人力资本的异质性。本章关于城市生活质量对人力资本影响效应的实证研究结论总结如下。

第一，城市生活质量的提高有利于促进城市人力资本水平的增长。首先，城市生活质量的提高可以有效促进城市人力资本总量的增加，表明伴随经济发展水平的提高，人们对美好生活质量的向往在区位选择中的重要性开始凸显。拥有较高水平的城市生活质量有利于城市吸引各类人力资源的流入。其次，城市生活质量的提高还可以有效促进人均人力资本的增加。人力资本平均水平的提升意味着美好的城市生活质量在吸引人力资源的时候，相对于普通人力资本更有利于引进高水平的人力资本。这一现象的一种现实解释是想要享有城市提供的生活质量往往需要购买一张"入场门票"——城市房价，而城市生活质量越高的城市，往往具有与之相匹配的更高的房价。因此，相对于普通人力资本，高水平人力资本的收入水平更能够承受高额的城市房价。此外，高生活质量的城市更有利于高水平人力资本聚集优势的发挥也可能是城市生活质量促进人均人力资本提升的一个原因。

第二，就城市生活质量影响人力资本的区域异质性来看，相对于初始生活质量较高的东部沿海地区，内陆与中部地区城市生活质量的提高更能够促进城市人力资本的提升。这可能是由于城市生活质量的边际效应递减规律导致的，因为东部沿海地区城市生活质量的基础比较高,导致进一步提升城市生活质量对人力资本的边际影响锐减。但对于广大的中部、内陆地区如果可以有效地改善城市生活质量,就可以极大地促进人力资本的流入,这一结论对内陆、中部地区的发展政策具有较好的现实指导意义。

第三,相对于初始发展水平较低的城市,具有一定经济发展基础的城市更容易通过城市生活质量的提高来促进城市人力资本的提升。不同发达程度给城市生活质量带来的这一异质性影响效应表明,人力资本对城市生活质量的追求还需建立在一定程度的经济发展水平上。这也解释了现实人力资本集聚的各大城市往往同时兼具生活质量与发展质量,但一些生活舒适、自然风光秀丽的田园风光城市由于缺乏经济发展水平的支撑,仅能吸引游客暂时的光临,而不足以让人力资本献身投入于当地的经济发展事业。

第四,基于不同的城市生活变量指标与控制变量指标检验城市生活质量对人力资本影响效应的稳健性,验证了城市生活质量提高有利于促进城市人力资本提升的结果是稳健的。此外,考虑到城市生活质量与城市人力资本内生性问题的存在,以城市生活质量滞后一期作为 IV 的 GMM 估计结果,验证了本章研究结论的有效性。

第六章　人力资本对地区发展差距影响效应的实证分析

人力资本不仅被认为是解释长期经济增长的内在动力，也经常被认为是地区经济发展差距的根源（蔡昉和都阳，2000）。新古典经济增长理论研究表明，人力资本最终会导致区域经济增长实现条件趋同。而新经济增长理论则认为，地区人力资本的差异化会导致区域经济增长差距进一步的扩大（Stamatakis & Petrakis, 2006）。回顾人力资本与经济增长关系的相关理论，并结合现实中人力资本对地区经济发展的影响，可以发现人力资本不仅是经济增长的重要动力之一，同时也是造成地区发展差异的关键原因所在。我国享有最多的人力资本总量和人均人力资本的东部地区，不仅在经济发展水平上处在国内发达地区的前沿，而且改革开放以来东部地区内部发展差距地减缓速度也处在国内前沿水平。

本章在前文人力资本对地区发展差距理论机理研究的基础上，实证检验人力资本对地区发展差距影响效应的大小。本章内容具体安排如下：首先，介绍人力资本对地区发展差距影响效应检验的模型设计与相关数据来源。其次，分析人力资本对地区发展差距的平均影响效应，并进行相关的稳健性及内生性检验。再次，基于不同视角的区域异质性及城市发达程度差异分析人力资本对地区发展差距影响效应的异质性。最后，基于人力资本路径下城市生活质量对地区发展差距的影响机理，将人力资本作为中介机制检验城市生活质量对地区发展差距的影响效应。

第一节 模型设计与数据来源

已有大量研究已经证实，我国人力资本与经济增长之间存在密切的联系，在造成中国地区发展差异的众多因素中，人力资本的地区差异正在变得越来越重要（蔡昉等，2000；陈钊等，2004；姚先国和张海峰，2008）。人力资本的地区差异可能会持续加剧我国地区间的经济差距（李海峥等，2013）。本节首先介绍了人力资本对地区发展差距影响的实证模型设计思路；其次分别对城市人力资本与地区发展差距的变量选择以及数据来源进行说明；最后对城市人力资本与地区发展差距及相关控制变量数据做描述性统计分析。

一 基准模型设定

基于前文关于人力资本与地区发展差距的理论机理，并借鉴罗勇等（2013）关于人力资本与地区差距的研究设计，本书将城市人力资本与地区发展差距的基准模型设定如下：

$$Eco\_gap_{it} = \beta_0 + \beta_1 H_{it} + \beta_2 X_{it} + \gamma_i + \delta_t + \varepsilon_{it} \tag{6.1}$$

其中，i 表示城市个体，t 表示年份，被解释变量 Eco_gap_{it} 表示前沿城市与城市 i 的相对发展差距。核心解释变量 H_{it} 表示前沿城市与城市 i 人力资本水平的相对差距[①]，被解释变量 Eco_gap_{it} 与核心解释变量 H_{it} 的值越大，表示城市 i 距离前沿城市的差距越大，即城市 i 的发展水平与人力资本水平越低。核心解释变量的系数 β_1 是后文实证分析重点关注的对象，若 $\beta_1 > 0$，则表明代表性城市人力资本水平与前沿城市的差距越大，城市发展差距就会越大；即代表性城市人力资本水平的提升，可以减小与前沿地区人力资本水平的差

---

① 由于被解释变量 $Eco\_gap_{it} = \dfrac{DN\_sz}{DN\_i}$，解释变量与控制变量与被解释变量保持统一，均采用前沿城市深圳比城市 i 的相对差距形式，$H_{it} = \dfrac{H\_sz}{H\_i}$，$X_{it} = \dfrac{X\_sz}{X\_i}$。

距，进而缓解城市间发展差距。相反，若 $\beta_1<0$，则表明城市人力资本的提升会进一步拉大城市间发展差距。一方面，由于人力资本是提升当地经济发展的关键要素，导致城市人力资本的增加会一定程度的拉大地区发展差距；另一方面，人力资本的外部效应及空间溢出效应又有助于提升全社会的生产效率，带动社会整体发展水平的提高，因此，城市人力资本对地区发展差距的综合影响效应具有不确定性，尚待后文进一步的实证检验。为了尽可能剔除城市层面其他可能影响地区发展差距的因素，控制变量 X_{it} 考虑了人均物质资本、固定资产投资、经济开放度、财政分权、科教支出及城市化水平等因素。此外，本书还控制了城市与时间固定效应，γ_i 为城市固定效应，用于控制城市层面不随时间变化但有可能影响城市发展差距的特征。δ_t 为年份固定效应，用来捕获某一特定年份因素对城市发展差距的冲击影响，ε_{it} 为随机误差项。为了解决模型中潜在的序列相关和异方差问题，遵照 Bertrand 等（2004）的建议将标准误聚类到城市层面。

二 变量说明

（一）被解释变量与核心解释变量

本节被解释变量为城市尺度上的地区发展差距，为了深化对城市发展差距的研究，进一步区分了城市内部发展差距与城市之间发展差距。本书选用 NPP-VIIRS 夜间灯光数据测度城市发展水平，并使用传统衡量地区发展水平的 GDP 指标作为稳健性检验。被解释变量的具体变现形式采用前沿地区深圳的发展水平与其他城市发展水平之比表示（Bourles et al., 2013），被解释变量的值越大，表示代表性城市与前沿城市的发展差距越大，即代表性城市的发展水平相对越小。

核心解释变量为城市人力资本。关于城市人力资本指标的选择及对城市人力资本总量与城市人均人力资本水平的区分与第五章保持一致。但是由于被解释变量城市间发展差距采用的是代表性城市与前沿城市的相对差距形式，本章的人力资本变量也采用前沿城市深圳的人力资本与代表性城市人力资本的比值来表示。核心解释变量的值越大，表明城市人力资本水平与前沿城市深圳的差距越大，即城市人力资本水平相对越低。

（二）控制变量

综合已有研究中关于地区发展差距的影响因素，主要包括人均物质资本、固定资产投资、经济开放度、财政分权、科教支出与城市化水平等因素，具体指标说明如下。

人均物质资本。资本是地区经济发展不可忽视的因素，本书城市人均物质资本的测算是基于张军（2004）永续盘存法测算资本存量的方式，先计算省份物质资本存量，然后假设城市与其所在省份具有相同的资本产出比（朱平芳和徐大丰，2007），进而得到城市人均物质资本数据，具体计算方法见第三章第二节。

固定资产投资。资本要素在区域差距的形成方面发挥着比较重要的作用，而资本的形成与地区固定资产投资的关系密不可分（谢军，2014）。Wei（2000）认为地区间和产业间固定投资的不均是形成中国地区非均衡发展的一个显著原因。因此，本书进一步控制了城市固定资产投资对地区发展差距的影响效应。

经济开放度。贺灿飞和谢秀珍（2006）认为，经济开放程度的提高有助于提升诸如低成本竞争优势和高技术比较优势的重要性，从而提高地区专业化水平和经济发展水平。参考卞元超等（2018）选取城市实际利用外资额，并采用当年的汇率将美元换算为人民币单位。

财政分权。王小鲁（2000）认为，制度因素对经济增长的影响是不可忽视的。一般来说，在市场经济体制下，相对于非国有经济来说，国有经济的运行效率要低一些，非国有经济比国有经济更有活力。财政分权变量采用地区人均财政支出占全国财政支出比重来度量。

科教支出与城市化水平。张车伟（2013）发现生产的集聚与人口分布的极化效应对地区发展差距具有重要影响。部分学者提出城市化进程与科教支出水平也会对地区发展差距产生影响（张先锋，2010；段健，2010）。因此，本书进一步考虑控制城市科教支出与城市化水平对城市发展差距的影响。城市科教支出采用城市历年科技与教育支出的总额指标来度量，城市化水平指标借鉴卞元超等（2018）使用各城市建设用地面积占辖区面积的比例表示。

本书使用的相关控制变量指标均采用前沿城市深圳与代表性城市相关指标的比值表示，控制变量指标值越大，表示城市该指标与前沿城市深圳的差距越大，即城市该指标水平相对越小。

三 数据来源及描述性统计

为了与 NPP-VIIRS 夜间灯光数据时间跨度保持一致，本部分研究时间为 2012—2018 年，相关数据主要来源情况如下。

被解释变量测度使用的夜间灯光数据来源于 NOAA/NGDC 网站下载的 NPP-VIIRS 月度夜间灯光数据，格式为 vmflg 格式数据；相对应的省级、市级行政区划图来自国家基础地理信息中心的全国 1∶400 万数据库。此外，稳健性检验使用到的城市 GDP 及人口数据来自《中国城市统计年鉴》（2012—2018）。

解释变量城市人力资本测度使用的城市工资、劳动力就业、劳动收入数据主要自《中国城市统计年鉴》（2012—2018）与《中国区域经济统计年鉴》（2012—2018）。其他控制变量使用的数据主要来自《中国统计年鉴 2022》、《中国城市统计年鉴》（2012—2018）及"中经网城市年度数据库""CEIC 中国经济数据库"。主要变量的描述性统计见表 6.1。

表 6.1　　　　　　　　主要变量的描述性统计

变量类别及名称		观测数	均值	标准差	最小值	最大值
被解释变量	城市间差距	1968	3.621	1.261	0	7.152
	城市内部差距	1968	1.636	0.600	-0.393	3.422
核心解释变量	城市人力资本总量	1877	7.446	2.451	-0.051	16.522
	城市人均人力资本	1877	5.048	1.965	-0.639	12.602

续表

变量类别及名称		观测数	均值	标准差	最小值	最大值
控制变量	人均物质资本	1877	-1.218	0.447	-2.581	0.268
	固定资产投资	1975	1.067	0.920	-1.400	6.000
	经济开放度	1954	3.341	2.374	-11.579	23.893
	财政分权	1975	2.445	0.660	0	6.806
	科教支出	1975	2.507	1.001	-1.149	6.704
	城市化水平	1975	-0.033	0.043	-0.433	0.595

注：相关数据均采用原始数据取对数形式。

第二节 人力资本对地区发展差距的影响效应估计

基于前文关于人力资本影响地区发展差距的实证模型设计，本节实证检验了城市人力资本对地区发展差距的影响效应。具体而言，首先，对人力资本影响城市间发展差距的平均效应进行估计；其次，分析人力资本对城市内部发展差距的平均影响效应；最后，在前文人力资本对地区发展差距平均影响效应分析的基础上，进一步分析研究结论的稳健性及可能存在的内生性问题。

一 人力资本对城市间差距的平均影响效应

为了使城市人力资本影响城市间发展差距的研究精细化，力求得到更加精准的研究结论，本书核心解释变量城市人力资本进一步区分为城市人力资本总量与城市人均人力资本。根据基准回归模型检验得到的城市人力资本对城市间发展差距影响的平均效应见表6.2。其中，第（1）列和第（2）列分别为城市人力资本总量与城市人均人力资本对城市间发展差距的影响效应，估计结果显示城市人力资本总量与人均人力资本相对前沿地区每提高1%，城市距离前沿城市的发展差距会缩小近2.7%，即城市人力资本总量与人均人力资本水平的提高均可以有效减小城市间的发展差距。平均影响效应估计结果一定程度上验证了，以城市人力资本水平提升来促进城市发展及减缓地区发展差距的政策是有效的。前文机理分析内容表明，人力资本对地区发展差距的影响效应具有不确定性，而这种不确定性与城市人力资本的禀赋水平有关，结合实证检验城市人力资本有效地缓解了地区发展差距，间接说明了我国城市人力资本的平均水平还比较低，人力资本的集聚程度与质量尚未能形成异质性人力资本效应对外部性及空间溢出效应的超越，我国城市人力资本的平均水平有待进一步的提升。

表 6.2　　人力资本对城市发展差距的平均影响效应

指标	模型（1）城市间差距	模型（2）城市间差距	模型（3）城市内部差距	模型（4）城市内部差距
人力资本存量	0.027*** (0.008)		−0.021*** (0.006)	
人均人力资本		0.027*** (0.009)		−0.017*** (0.006)
人均物质资本	0.217*** (0.049)	0.195*** (0.045)	−0.122*** (0.036)	−0.092*** (0.030)
固定资产投资	0.002 (0.009)	0.007 (0.009)	−0.022** (0.009)	−0.025*** (0.009)
经济开放度	0.007** (0.003)	0.007** (0.003)	−0.006** (0.003)	−0.006** (0.003)
财政分权	0.042* (0.025)	0.041* (0.024)	0.002 (0.006)	0.002 (0.006)
科教支出	−0.092*** (0.027)	−0.091*** (0.027)	0.007 (0.008)	0.007 (0.008)
城市化水平	0.095 (0.102)	0.100 (0.102)	0.111 (0.103)	0.106 (0.102)
常数项	3.673*** (0.040)	3.710*** (0.035)	3.608*** (0.532)	3.177*** (0.451)
城市固定效应	是	是	是	是

续表

指标	模型（1）	模型（2）	模型（3）	模型（4）
	城市间差距	城市间差距	城市内部差距	城市内部差距
时间固定效应	是	是	是	是
观测值	1856	1856	1856	1854
R^2	0.772	0.772	0.470	0.464

注：城市间差距分析中，人力资本变量及相关控制变量采用的是前沿城市比其他城市的相对差距形式；城市内部差距分析中，人力资本变量及相关控制变量直接采用的是单个城市的相关指标。下文关于城市间差距与城市内部差距的解释变量形式均同上。*、**、***分别表示10%、5%和1%的显著性水平。

根据表6.2，进一步分析其他城市特征的控制变量对地区发展差距的影响效应。代表城市资本实力的人均物质资本与固定资产投资对城市发展差距的影响为正，表明城市拥有雄厚的资本支持，缩小与前沿城市资本投入的差距，更有利于实现对前沿发达城市的追赶。代表城市社会开放程度的经济开放度指标同样可以显著地减小城市发展差距，表明城市不囿于保住自己的一亩三分地，而保持开放性的发展政策，更有利于城市的发展。财政分权指标一定程度上刻画了地方财政支出对市场的干预程度，财政分权指标的系数为正表明地方政府对市场一定程度的干预，制定科学合理的产业发展政策有利于城市的发展及城市间发展差距的缓解。

二 人力资本对城市内部差距的平均影响效应

为了使城市发展差距的研究更加精细化，本书在分析城市间发展差距的基础上进一步分析了人力资本对城市内部发展差距的影响。区别于城市间发展差距的分析模型，人力资本对城市内部发展差距的检验模型如下：

$$city_{it} = \beta_0 + \beta_1 h_{it} + \beta_2 X_{it} + \gamma_i + \delta_t + \varepsilon_{it} \quad (6.2)$$

其中，$city_{it}$表示t期城市i内部的发展差距，用城市内部各像元之间灯光亮度的变异系数表示，具体说明见第三章第三节。核心解释变量h_{it}表示城市i的人力资本水平，控制变量X_{it}的指标选择与前文城市间差距的控制变量指标保持一致。但是城市内部差距的分析中，由于被解释变量指标考虑的是单个城市个体，不再是与前沿城市的相对比值，因此人力资本变量与控制变量的形式也均直接采用城市个体的相应指标变量。因为城市内部差距分析中被解释变量与核心解释变量指标形式的差异，导致人力资本变量系数的解释也有所不同。在式（6.2）中，人力资本回归系数 $\beta_1>0$，直接表示城市人力资本的提升会拉大城市内部的发展差距，而 $\beta_1<0$ 则意味着城市人力资本水平的提升会缓解城市内部的发展差距。其他的固定效应控制及标准误的选取均与式（6.1）中保持一致。

人力资本对城市内部发展差距的影响效应结果见表 6.2 第（3）列和第（4）列。进一步分析城市人力资本总量与人均人力资本对城市内部发展差距的影响效应，结果表明城市人力资本总量与人均人力资本的提高对城市内部的发展差距具有显著的负效应，即城市人力资本有利于减缓城市内部发展差距。综合平均效应的估计结果来看，城市人力资本的提高可以显著地缓解城市发展差距，城市人力资本每提升一个百分点，会使城市间发展差距水平减少约 2.7%，会使城市内部的发展差距减小 1.7% 以上。

三　稳健性检验及内生性讨论

在前文人力资本对地区发展差距平均影响效应分析的基础上，进一步分析研究结论的稳健性及可能存在的内生性问题。首先，根据地区 GDP 指标替换 NPP-VIIRS 夜间灯光数据测度城市发展差距的变化、改变控制变量指标及形式等方式进行稳健性检验。其次，考虑城市人力资本和地区发展差距之间可能存在的互为因果所导致的内生性问题进行讨论。

（一）稳健性检验

关于城市人力资本对地区发展差距影响效应的稳健性检验方法如下：首先，基于被解释变量地区发展差距测度指标的变化。地区 GDP 是直接测度地区发展的经济指标，虽然前文已经说明采用 NPP-VIIRS 夜间灯光数据替代地区 GDP 的来测度地区发展差距具

第六章 人力资本对地区发展差距影响效应的实证分析

有一定的客观优势,并且前文也检验了城市夜间灯光数据与城市 GDP 之间的相关性,表明两个指标之间是高度相关的。但为了验证本章研究结论的稳健性,进一步选择使用各地级市 GDP 指标来测度地区发展差距并对基准模型做稳健性检验。其次,考虑替换核心解释变量与相关控制变量的形式。具体而言,前文在城市间差距的分析中,核心解释变量人力资本与其他控制变量为了与被解释变量城市间差距的形式保持一致,采用前沿城市与其他城市变量之比的相对指标形式来测度。为了验证不同变量形式对人力资本影响效应可能带来的干扰,本书考虑进一步使用单个城市的变量指标①来直接测度城市相关变量的大小对基准模型进行稳健性检验。

具体的稳健性检验结果见表 6.3,稳健性检验结果显示,使用城市 GDP 数据代表城市发展水平测度得到的城市间差距的检验结果与基准模型中人力资本对城市间差距的影响效应基本保持一致。变换解释变量指标形式后的人力资本直接反映了城市人力资本水平的大小,因此直接测度城市人力资本指标形式下的人力资本对城市间差距的影响效应为负,表示城市人力资本水平的提升有利于缓解城市与前沿城市之间的发展差距,正好与前文人力资本相对差距指标形式下,人力资本相对差距对城市间发展差距影响的正效应相一致。因此,基准模型中采用与前沿城市的相对人力资本指标是为了更好地控制前沿地区与其他代表性城市的人力资本水平的差距。通过解释变量指标形式的变化发现,城市人力资本对地区发展差距的缓解效应具有稳健性,不同的解释变量指标形式只是存在分析视角的差异。综合稳健性检验结果发现,城市人力资本对地区发展差距的影响效应与前文保持一致,并未发生根本性变化,验证了城市人力资本的提升有利于缓解地区发展差距结论的稳健性。

---

① 前文中,人力资本 $H_{it} = \dfrac{H\_sz}{H\_i}$ 采用的是前沿城市与其他城市的相对差距形式,稳健性分析进一步考虑直接采用城市人力资本指标 H_i 的形式,其他控制变量的形式变化同人力资本。

表 6.3 城市人力资本对地区发展差距影响效应的稳健性检验及内生性讨论

指标	GDP 数据测算的差距 城市间差距	GDP 数据测算的差距 城市内部差距	变换解释变量指标形式 城市间差距	变换解释变量指标形式 城市内部差距	滞后 1 期人力资本变量作为 IV 城市间差距	滞后 1 期人力资本变量作为 IV 城市内部差距
人力资本存量	1.137*** (0.305)	0.881*** (0.325)				
人均人力资本			−0.027*** (0.008)	−0.027*** (0.008)	0.145*** (−2.75)	0.213*** (−2.65)	−0.110** (−2.27)	−0.077** (−2.29)
Chi-sq (1) P-val					0.0004	0.0022	0.0012	0.0000
Cragg-Donald Wald F statistic					12.844	9.414	10.468	20.948
控制变量	是	是	是	是	是	是	是	是
F	5039	5039	1854	1854	187.783	128.249	77.889	94.084
观测值	5039	5039	1854	1854	1060	1058	1325	1323
R^2	0.200	0.199	0.773	0.773	0.601	0.416	0.204	0.346

注：**、*** 分别表示在 5%、1% 的显著性水平；Chi-sq（1）P-val 为工具变量不可识别检验的 LM 统计量的 P 值；Cragg-Donald Wald F statistic 为弱工具变量检验的统计值。

(二) 内生性问题讨论

本书的内生性可能是由以下两方面的原因导致的：一是人力资本与地区经济发展之间可能存在相互作用，即互为因果关系。一方面，人力资本是地区经济发展的重要因素；另一方面地区经济发展也可能会对人力资本产生影响。二是可能存在的遗漏变量的问题。地区发展差距的影响因素是多方面的，在控制指标选取时，限于可获取的数据，难免会遗漏一些难以量化的因素如人文环境、文化环境与地区发展政策等，而这些遗漏变量也会对地区发展产生影响，进而导致内生性问题的发生。因此，为了防止内生性问题造成的估计偏误，本书首先对城市人力资本这一变量进行了内生性检验，Hausman 检验结果的 p 值均显示，强烈拒绝原假设，说明城市人力资本与地区发展差距之间存在内生性问题。为此，本书进一步选择城市人力资本滞后一期值作为人力资本变量的工具变量（IV），并选择使用广义矩估计法（GMM）进行估计。

表 6.3 内生性检验结果显示，考虑内生性问题后，不可识别检验的 p 值和弱工具变量检验对应的 F 统计值均表明滞后一期的人力资本变量作为工具变量（IV）是有效的。此外，人力资本的相关估计系数并未发生明显的变化，再次验证了人力资本的提升可以有效地缓解地区发展差距。稳健性检验及内生性讨论结果中城市人力资本的影响系数均未发生本质变化，表明前文关于城市人力资本提升有助于缓解地区发展差距的研究结论是稳健有效的。

第三节 人力资本对地区发展差距影响的异质性分析

本节在前文人力资本对地区发展差距平均影响效应分析的基础上，根据城市的区域地理空间异质性与发达程度的差异，进一步分析人力资本对地区发展差距影响效应的异质性。具体而言，首先通过我国地理区域东中西三大板块的划分来对城市所属的地理空间板块进行分类，并对比分析每一区域板块内部人力资本对地区发展差异影响效应的异质性。其次，根据内陆与沿海区域对城市进行分组，对比分析内陆城市与沿海城市内部人力资本对地区发展差距影响效应的差异。最后，打破空间区域的限制，从经济发展水平视角区分城市发达程度的差异带来的人力资本对地区发展差距影响效应的异质性。

一 人力资本对地区发展差距影响的区域异质性

我国国土空间幅员辽阔，不同地区之间享有的资源禀赋、自然条件及社会经济条件差距都比较大，由此天然的造成位于我国不同地区的城市发展水平、城市人力资本数量都存在较大的差距。区域差异因素可能会给人力资本对地区发展差距的影响带来异质性效应。因此，在上文平均影响效应分析的基础上，借助我国东部、中部与西部三大区域板块的划分，分别就本章基准回归模型对三大区域内部的城市进行分样本检验，具体检验结果见表 6.4。

表 6.4　人力资本存量对地区发展差距影响的区域异质性

指标	城市间差距 东部	城市间差距 中部	城市间差距 西部	城市内部差距 东部	城市内部差距 中部	城市内部差距 西部
人力资本总量	0.006 (0.013)	0.042*** (0.014)	0.017 (0.011)	-0.018 (0.013)	-0.018** (0.008)	-0.032*** (0.012)
人均物质资本	0.129* (0.073)	0.278*** (0.094)	0.104 (0.073)	-0.087** (0.039)	-0.081 (0.063)	-0.162* (0.082)
固定资产投资	0.094*** (0.036)	0.140** (0.062)	0.048** (0.023)	0.001 (0.024)	-0.035 (0.036)	-0.073** (0.036)
经济开放度	0.002 (0.008)	0.002 (0.010)	0.014*** (0.004)	0.000 (0.007)	-0.006 (0.007)	-0.008** (0.004)
财政分权	0.045 (0.048)	0.149*** (0.035)	-0.038 (0.024)	0.012** (0.005)	0.020 (0.019)	-0.037** (0.016)
科教支出	-0.115** (0.047)	-0.165*** (0.029)	0.022 (0.026)	-0.006 (0.020)	0.006 (0.010)	0.019 (0.019)

续表

指标	城市间差距			城市内部差距		
	东部	中部	西部	东部	中部	西部
城市化水平	0.226 (0.172)	-0.093 (0.169)	0.197 (0.173)	-0.137 (0.142)	0.072 (0.094)	0.054 (0.154)
常数项	2.738*** (0.070)	3.553*** (0.097)	4.091*** (0.083)	2.604*** (0.671)	3.289*** (0.700)	5.273*** (1.273)
城市固定效应	是	是	是	是	是	是
时间固定效应	是	是	是	是	是	是
观测值	588	554	476	588	554	476
R-squared	0.780	0.858	0.835	0.533	0.727	0.446

注：*、**、***分别表示10%、5%和1%的显著性水平。

结果显示，东部城市样本中城市人力资本对地区发展差距的回归系数虽然也为正，但系数大小明显小于中西部地区，且系数并不显著。东部城市样本的这一分析结果表明，相对于平均影响效应，东部地区内部人力资本的提高未能显著地减小东部地区城市的发展差距。探析这一结论背后的经济学解释，一是东部地区城市之间与城市内部的初始发展差距相对比较小[①]；二是东部地区城市人力资本的集聚水平比较高。两者综合导致了拥有较高人力资本禀赋的东部地区人力资本对地区发展差距影响的边际效应较小，甚至不具有统计学意义上的显著性，假说（3）得到验证。相对而言，人力资本禀赋较弱的中西部地区人力资本的提升却可以有效地减小城市之间与城市内部的发展差距，并且效应大小要高于平均效用水平，假说（2）得到验证。此外，城市人力资本总量的提升更有助于中部地区实现对发展前沿城市的追赶，而对于城市内部差距的影响效应则更有利于西部地区城市内部的协调发展。这可能是由于西部地区发展水平比较低，人力资本存量水平比较欠缺，导致人力资本的边

---

① 东部地区城市间及城市内部的发展均相对比较均衡，这一结论在第三章第三节已经得到验证。

际增长还不足以发挥人力资本的集聚优势,因此西部地区想要通过借助人力资本的提升来实现对发达城市地追赶任重而道远。但是西部地区并不能为此而忽视人力资本对地区发展的作用,因为人力资本的提升虽然暂时不足以达到对发达城市追赶的目的,但是人力资本却依旧可以促进西部地区城市内部的协调发展。此外,关于人均人力资本对地区发展差距影响的区域异质性分析结论与人力资本存量的影响效应基本保持一致,具体的分析结果见附表 E1。

二 沿海与内陆地区人力资本对地区发展差距影响的异质性

根据前文的分析,相对于内陆地区,沿海地区海上运输的成本优势具有天然的竞争优势,并且沿海地区自然环境的舒适宜居也更容易吸引人力资本的集聚。因此,本书在区分东部、中部与西部三大板块区域异质性分析的基础上,进一步以内陆与沿海地理区位标准划分检验城市人力资本对地区发展差距的异质性影响。第五章第三节根据本章基准回归模型对内陆、沿海分样本回归的具体结果见表 6.5 所示。

表 6.5 沿海与内陆地区人力资本总量对地区发展差距影响的异质性

指标	城市间差距 沿海	城市间差距 内陆	城市内部差距 沿海	城市内部差距 内陆
人力资本存量	-0.011 (0.012)	0.031*** (0.010)	-0.002 (0.010)	-0.025*** (0.008)
人均物质资本	0.059 (0.049)	0.233*** (0.060)	-0.053* (0.027)	-0.144*** (0.054)
固定资产投资	0.003 (0.015)	0.004 (0.011)	-0.031 (0.019)	-0.019* (0.010)
经济开放度	-0.012 (0.008)	0.009*** (0.003)	-0.004 (0.003)	-0.006** (0.003)
财政分权	-0.007 (0.029)	0.058* (0.032)	0.011** (0.005)	-0.010 (0.009)

续表

指标	城市间差距		城市内部差距	
	沿海	内陆	沿海	内陆
科教支出	-0.087**	-0.091***	0.003	0.013
	(0.035)	(0.034)	(0.026)	(0.009)
城市化水平	0.312**	0.080	0.104	0.123
	(0.134)	(0.102)	(0.121)	(0.101)
常数项	2.731***	3.890***	2.221***	3.932***
	(0.058)	(0.046)	(0.425)	(0.757)
城市固定效应	是	是	是	是
时间固定效应	是	是	是	是
观测值	357	1499	357	1499
R-squared	0.757	0.786	0.454	0.481

注：*、**、***分别表示10%、5%和1%的显著性水平。

沿海与内陆地区人力资本影响地区发展差距的异质性分析结果显示，相较于沿海地区，内陆地区城市人力资本的提升更容易促进地区城市发展差距的减小。沿海与内陆空间地理区位分组的异质性分析结果再次证实了前文关于三大区域分组异质性检验的结论。沿海地区人力资本的提升之所以未能有效影响地区发展差距是由于沿海地区初始发展水平相对较高，沿海地区间的发展相对更加协调，与此同时，我国绝大多数的人力资本也都集聚在沿海地区，导致沿海地区人力资本对地区发展差距的边际影响效应并不明显。此外，关于沿海与内陆地区人均人力资本对城市发展差距影响的异质性分析结论与人力资本总量的影响效应基本保持一致，具体的分析结果如附表E2所示。

城市人力资本对地区发展差距影响效应的区域异质性分析结果表明，相对于初始发展水平较高和人力资本禀赋较强的东部沿海地区，广大的内陆与中西部地区更容易通过人力资本的提升来减小地区发展差距。这一实证结论背后的现实经济含义首先揭示了广大内陆、中西部地区经济发展距离前沿发达城市的差距较大，人力资本水平相对也比较低的窘迫现实；然而对于内陆、中西部地区而言如果可以重视对人力资本的培养,就可以有效地提升地区经济发展水平,进而缓解地区发展差距,这对于促进内陆、中西部地区的区域协调发展与实现国家区域协调战略具有重要现实指导意义。

三 基于城市发达程度差异的异质性影响效应

在前文关于城市地理区域差异下城市人力资本影响地区发展差距的异质性分析基础上,进一步探析初始经济发达程度的差异对人力资本影响效应的异质性。具体而言,以本章分析样本的起始年份2012年所有城市的夜间灯光总量度为基准,将2012年城市夜间灯光总量度高于这一基准水平的城市归类为高发达度城市组;反之则归类为低发达度城市组。因此,高发达度城市组表示城市初始发展水平较高的城市,而低发达度城市组则代表初始发展水平较低的城市。

根据城市发达度分组对基准模型进行回归,结果如表6.6所示。不同初始发达程度的城市人力资本对地区发展差距的影响异质性结果显示,人力资本的提升更有利于缓解初始发展水平较低的城市与前沿发达城市的发展差距;而人力资本对于城市内部发展差距的影响结果显示,人力资本水平的提升对不同发达程度的城市内部发展差距都可以缓解,但是对初始发展水平较低的地区的缓解效应更大。基于城市初始经济发展水平的异质性分析结论再次验证了前文区域空间异质性分析得出的结论:城市人力资本的提升更有利于缓解相对落后的中西部地区的地区发展差距。此外,关于人均人力资本对城市发展差距的发达度异质性分析结论与人力资本存量的影响效应基本保持一致,具体的分析结果如附表E3所示。

表6.6 城市发达程度差异下人力资本存量对地区发展差距影响的异质性

指标	城市间差距		城市内部差距	
	低发达度	高发达度	低发达度	高发达度
人力资本存量	0.029**	0.000	-0.021**	-0.019**
	(0.012)	(0.009)	(0.010)	(0.010)

续表

指标	城市间差距 低发达度	城市间差距 高发达度	城市内部差距 低发达度	城市内部差距 高发达度
人均物质资本	0.105 (0.081)	0.103** (0.049)	-0.157* (0.089)	-0.103*** (0.037)
固定资产投资	0.021 (0.013)	0.005 (0.009)	-0.020 (0.013)	-0.021** (0.010)
经济开放度	0.013*** (0.003)	0.002 (0.005)	-0.005 (0.003)	-0.009 (0.006)
财政分权	0.035 (0.029)	-0.015 (0.022)	0.021 (0.018)	0.001 (0.007)
科教支出	-0.045 (0.036)	-0.043* (0.025)	0.005 (0.012)	-0.012 (0.014)
城市化水平	0.166 (0.144)	0.137 (0.136)	0.245 (0.152)	0.014 (0.122)
常数项	4.320*** (0.068)	3.014*** (0.042)	4.238*** (1.156)	3.416*** (0.626)
城市固定效应	是	是	是	是
时间固定效应	是	是	是	是
观测值	875	981	875	981
R-squared	0.822	0.774	0.561	0.403

注：*、**、***分别表示10%、5%和1%的显著性水平。

第四节 城市生活质量与地区发展差距：基于人力资本机制的分析

前文已经分别分析了城市生活质量对人力资本的影响效应以及人力资本对地区发展差距的影响效应。但是城市生活质量对地区发展差距的影响效应如何？以及人力资本是不是城市生活质量影响地区发展差距的有效机制？为了回答上述两个问题，本书基于人力资本路径下城市生活质量对地区发展差距的影响机理，进一步检验了城市生活质量影响地区发展差距的人力资本机制。首先，简单介绍中介效应模型及其检验方法。其次，根据中介效应模型设计，检验城市生活质量对地区发展差距影响的总效应、直接效应与间接效应大小。

一　中介效应模型介绍

中介效应模型（mediation effect model）早期主要应用于心理学的分析，近年来逐渐受到社科研究领域的重视。相较于单纯的分析解释变量对被解释变量的影响效应，中介效应模型的一大优势是可用来分析解释变量对被解释变量影响的过程及作用机制。现有研究中比较常用的中介效应检验方法包括Baron和Kenny（1986）提出的逐步法与直接检验中介效应系数乘积的Bootstrap法。

（一）中介效应模型及检验方法

在自变量为X、因变量为Y以及中介变量为M的模型中，自变量X对因变量Y产生影响，并且X对Y的影响效应是通过中介变量M来传导的。温忠麟和叶宝娟（2014）将中介效应的回归方程与作用路径描述为图6.1。其中，系数c表示自变量X对被解释变量Y的总影响效应；系数a表示自变量X对中介变量M的影响效应；系数b表示在控制了自变量X的情况下，中介变量M对被解释变量Y的影响效应；系数c'表示控制了中介变量M的情况下，自变量X对被解释变量Y的直接影响效应；模型中的中介效应，即自变量X对被解释变量Y的间接影响效应为ab，并且X对Y的总影响效应$c=c'+ab$（Mackinnon et al.，1995）。

中介效应模型检验的核心是检验中介效应的系数是否显著为0，即假设H_0：$ab=0$是否成立。Baron和Kenny（1986）逐步法通过依次检验系数a、b的显著性来判断假设H_0是否成立。当系数a、b均显著不为0时，显然有$ab\neq 0$；但是当系数a或b不显著时，却并不一定必然有$ab=0$。即依次检验系数a、b得到的中介效应检验结果检验力较低，存在系数 $ab \neq 0$ 但依次检验却得出 $ab = 0$ 的结论的可能性（Mackinnon et al.，2002）。考虑到依次检验可能存在的上述问题，Sobel（1982）提出直接检验假设 H_0：$ab = 0$ 的中介效应检验方法。但是由于 Sobel 法需要假设系数 a、b 的估计值乘积 $\hat{a}\hat{b}$ 服从正态分布，导致 Sobel 中介效应检验的局限性。现有研究中通常使用 Bootstrap 法替代 Sobel 法作为中介效应直接检验的方法。Bootstrap 法通过从样本中重复抽样的方法可以得到若干个（一般取 500 个或 1000 个）系数 a、b 估计值的乘积，进而将所有 $\hat{a}\hat{b}$ 样本从大到小依次排列，再分别取 $\hat{a}\hat{b}$ 样本排序中的第 2.5 百分位样本值与第 97.5 百分位样本值便可以生成一个 95% 置信水平的系数 ab 的置信区间。此时，观察该置信区间内是否包括 0 就可以判断系数 ab 的显著性（方杰和张敏强，2012）。温忠麟和叶宝娟（2014）认为，如果系数 a、b 的检验结果均显著，那么依次检验的结果要强于 Bootstrap 法检验结果。

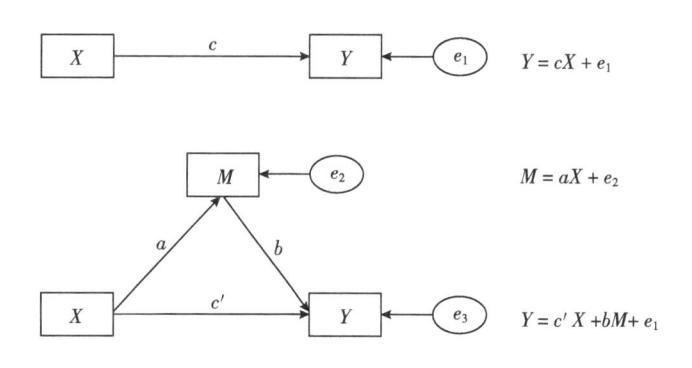

$$Y = cX + e_1$$

$$M = aX + e_2$$

$$Y = c'X + bM + e_1$$

图 6.1 中介效应模型示意

资料来源：温忠麟、叶宝娟：《中介效应分析：方法和模型发展》，《心理科学进展》2014 年第 5 期。

（二）中介效应检验流程

通过综合比较依次检验法和 Bootstrap 法在中介效应检验时的优劣，温忠麟和叶宝娟（2014）认为中介效应检验的具体步骤如

下：首先，检验自变量 X 对因变量 Y 的总效应系数 c。如果总效应系数 c 显著，则模型可以按照中介效应来解释；反之，若总效应系数 c 不显著，则应该按照遮掩效应来解释。但是总效应系数 c 的显著性并不直接影响对后续中介效应的检验。其次，分别检验自变量 X 对中介变量 M 的影响效应系数 a 与控制自变量 X 后中介变量 M 对因变量 Y 的影响效应系数 b。如果系数 a、b 均显著，那么间接效应显著存在；反之，如果 a 或 b 至少有一个不显著，则还需要用 Bootstrap 法直接检验系数 a、b 乘积 ab 的显著性。如果 ab 乘积显著，则间接效应也显著存在；若 ab 乘积依旧不显著，则可以判断中介效应并不存在。再次，中介效应存在的基础上进一步检验自变量 X 对因变量 Y 的直接效应 c' 的显著性。如果直接效应 c' 不显著，表明模型中只存在中介效应；反之，若直接效应 c' 也显著，则需要进一步判断间接效应 ab 与直接效应 c' 的符号是否相同，如果符号保持一致，则模型存在部分中介效应，并且中介效应占总效应的比例为 ab/c。如果中介效应 ab 与直接效应 c' 的符号相反，则模型存在遮掩效应，此时应报告中介效应与直接效应的相对大小，即中介效应与直接效应比例的绝对值 $|ab/c'|$。

二 城市生活质量与地区发展差距的人力资本中介效应检验

关于城市生活质量如何影响经济增长与城市发展的内在机理研究，Florida（2002）发现高质量的生活环境可以有效驱动人力资本的集聚，而人力资本的集聚又可以为地区经济注入新的发展潜力。区别于传统研究中认为企业的打造与引进、产业集群的形成是地区经济发展的基础，城市生活质量理论分析认为，人力资本才是城市与地区发展的基础，人力资本不仅决定着企业区位决策的导向，同时也是产业集群形成与演化的关键力量。城市生活质量理论不仅认识到人力资本对地区经济发展的重要性，还发现城市生活质量是人力资本集聚的重要驱动力量。随着经济发展水平的提升，人力资本对城市生活质量的需求日益提升，打造良好舒适便捷的城市生活环境，是吸引与培育人力资本的首要基础条件。人力资本是承接城市生活质量对地区发展差距影响的重要机制路径。

（一）中介效应模型设计及数据说明

借鉴温忠麟和叶宝娟（2014）对中介效应模型的设计，本书以人力资本为中介机制分析城市生活质量对地区发展差距影响效应的模型设定如下：

$$Eco\_gap_{it} = \alpha_0 + \alpha_1 QOL_{it} + \alpha_2 QOL_{sz,t} + \alpha_2 X_{it} + \delta_t + \varepsilon_{it} \quad (6.3)$$

$$H_{it} = \beta_0 + \beta_1 QOL_{it} + \beta_2 X_{it} + \delta_t + \varepsilon_{it} \quad (6.4)$$

$$Eco\_gap_{it} = \gamma_0 + \gamma_1 QOL_{it} + \gamma_2 H_{it} + \gamma_3 QOL_{sz,t} + \gamma_4 H_{sz,t} + \gamma_5 X_{it} + \delta_t + \varepsilon_{it} \quad (6.5)$$

其中，式（6.3）为城市生活质量对地区发展差距的总效应检验模型，系数 α_1 表示城市生活质量对地区发展差距影响的总效应大小。式（6.4）为城市生活质量对中介变量人力资本影响效应的检验模型，系数 β_1 表示城市生活质量对人力资本的影响效应大小。式（6.5）为城市生活质量、人力资本与地区发展差距的总体检验模型，系数 γ_1 表示城市生活质量对地区发展差距的直接影响效应，系数 $\beta_1\gamma_2$ 表示城市生活质量对地区发展差距的间接影响效应。式（6.4）模型中控制变量指标的选择完全与模型（5.1）中的控制变量保持一致。式（6.3）与式（6.5）中控制变量指标选择与式（6.1）保持一致，但为了使人力资本解释变量的形式与式（6.4）保持一致，本小节的相关解释变量均采用单个城市相关变量的直接指标，而非前沿城市比其他城市的相对差距指标。此外，由于被解释变量的城市间差距指标是前沿城市（深圳）比其他城市的相对发展差距，本书选择在式（6.3）与式（6.5）中进一步控制前沿城市深圳的城市生活质量与人力资本水平。

（二）城市生活质量与地区发展差距的人力资本机制检验结果

基于前文人力资本中介效应模型的设计，得到的城市生活质量与地区发展差距的人力资本机制检验结果见表6.7。表6.7中第（1）列显示城市生活质量可以有效地减小城市与前沿发达城市（深圳）的发展差距，城市生活质量对城市间发展差距的总效应为

-1.381。此外,控制前沿发达城市(深圳)的城市生活质量发现,前沿城市生活质量的提高会进一步地拉大城市间的发展差距。第(2)列检验城市生活质量对人力资本存量的影响,发现城市生活质量的提升可以有效地促进人力资本水平的提升,与第五章第二节第一小节分析结论保持一致。第(3)列综合考虑城市生活质量与人力资本对城市间发展差距的影响效应发现,城市生活质量的提升依旧可以缓解城市间发展差距,即在控制了人力资本情况下,城市生活质量对城市间发展差距的直接效应为-0.948。人力资本对城市间发展差距的影响效应显著为负,表明人力资本的提升可以有效减缓城市间发展差距,与第六章第二节分析结果保持一致。第(4)—(6)列进一步控制时间固定效应之后,分析结果并未发生明显变化。具体来看,城市生活质量对城市间发展差距影响的总效应为-1.068,其中包含的直接效应为-1.007,通过人力资本路径传导的间接效应为-0.286,间接效应占总效应的26.7%。综合来看,城市生活质量的提升可以有效地缓解城市与前沿发达城市的发展差距,并且城市生活质量对城市间发展差距的影响路径是通过城市人力资本来实现。城市生活质量的提升通过影响个人与企业的区位选择,加速了个人与企业向城市集聚,进而有效地促进了城市人力资本水平的提升;而城市人力资本水平的提升,借助人力资本的外部性与空间溢出效应可以有效地促进城市发展,缓解城市与前沿发达城市的发展差距,最终推动区域协调发展。

表6.7 城市生活质量对地区发展差距影响的人力资本机制识别

指标	(1) 城市间差距	(2) 人力资本存量	(3) 城市间差距	(4) 城市间差距	(5) 人力资本存量	(6) 城市间差距
城市生活质量	-1.381*** (0.185)	1.021*** (0.332)	-0.948*** (0.173)	-1.068*** (0.183)	1.046*** (0.308)	-1.007*** (0.170)
城市生活质量(深圳)	2.538*** (0.720)		1.384** (0.670)	2.422*** (0.770)		1.451** (0.669)

续表

指标	（1）城市间差距	（2）人力资本存量	（3）城市间差距	（4）城市间差距	（5）人力资本存量	（6）城市间差距
人力资本存量			-0.259*** (0.023)			-0.273*** (0.030)
人力资本存量（深圳）			-0.201 (0.615)			2.693 (2.564)
控制变量	是	是	是	是	是	是
时间固定效应	否	否	否	是	是	是
观测值	1177	1172	1175	1177	1172	1175
R-squared	0.455	0.496	0.524	0.477	0.555	0.526

注：*、**、***分别表示10%、5%和1%的显著性水平。

第五节 本章小结

本章在介绍人力资本对地区发展差距的模型设计与数据来源的基础上，首先，检验了人力资本对地区发展差距的平均影响效应；其次，讨论了人力资本对地区发展差距影响的区域异质性与发达度异质性；最后，对城市生活质量影响地区发展差距的人力资本机制进行中介效应检验。本章的主要研究结论如下。

第一，城市人力资本水平的提高可以有效缓解地区发展差距。首先，城市人力资本总量与城市人均人力资本的提升均可以减小城市间的发展差距。经济发展落后地区想要实现对发达地区的经济追赶或者保持不被发达地区进一步拉大发展差距，可以通过提高自身人力资本水平来实现。其次，城市人力资本总量与人均人力资本水平的提升还有助于缓解城市内部的发展差距。通过实施有效促进人力资本水平的相关政策，既可以缓解地区间发展差距的问题，同时也有利于地区内部的协调发展,这一研究结论对指导我国的区域协调发展具有重要指导意义。最后,基于城市发展差距测度指标的变化及控制变量指标形式的变化对城市人力资本对地区发展差距的影响效应的稳健性检验和以人力资本滞后一期作为人力资本 IV 的 GMM 估计结果,验证了城市人力资本的提高有利于缓解地区发展差距的结论是稳健有效的。

第二,城市人力资本水平对地区发展差距影响效应的区域异质性分析结果表明,相对于初始发展水平较高和人力资本禀赋较强的东部沿海地区,广大的内陆与中西部地区更容易通过人力资本的提升来减小地区发展差距。其中,中部地区的城市通过人力资本水平的提升减小与前沿发达地区发展差距的效应最大,表明借助人力资本水平的提升是中部地区城市经济发展,进而步入发达地区行列的有效途径。而对于西部地区,由于其发展基础比较弱,人力资本禀赋较差,导致人力资本的边际提高还不足以发挥出人力资本的集聚规模优势,使西部地区通过人力资本提升路径暂时难以缩小与前沿发达地区的发展差距。但是西部地区通过人力资本水平的提升却可以极大地减小地区内部的发展差距。因此,对于广大中西部地区,寻求有效的人力资本提升政策是中西部地区实现与东部地区协调发展的有效路径。此外,不同初始发达程度的城市人力资本对地区发展差距的影响异质性结果显示,人力资本的提升更有利于缓解初始发展水平较低的城市与前沿发达城市的发展差距。相对于经济发展水平较高的城市,初始经济发展水平较低的城市人力资本的提升更有利于减小城市间与城市内部的发展差距。

第三,城市生活质量的提升有利于缓解城市与前沿发达城市的发展差距,并且人力资本是城市生活质量影响地区发展差距的有效路径。城市生活质量的提升通过影响个人与企业的区位选择,加速了个人与企业向城市集聚,进而有效地促进城市人力资本水平的提升;而城市人力资本水平的提升,借助人力资本的外部性与空间溢出效应可以有效地促进城市发展,缓解城市与前沿发达城市的发展差距，最终推动区域协调发展。具体来看，城市生活质量对城市间发展差距影响的总效应大小为-1.068，其中包含的直接效应大小为1.007，通过人力资本路径传导的间接效应大小为0.286，人力资本传导路径的间接效应占城市生活质量影响地区发展差距总效应的26.7%。

第七章 研究结论与政策启示

本书基于城市生活质量的研究视角分析地区发展差距这一区域经济学研究的重大现实问题,建立了"城市生活质量→人力资本→地区发展差距"的逻辑演进脉络。在分析城市生活质量、人力资本与地区发展差距特征事实的基础上,研究城市生活质量、人力资本与地区发展差距的理论机理,并实证检验城市生活质量对人力资本、人力资本对地区发展差距以及人力资本路径下城市生活质量对地区发展差距的影响效应。本章首先对前文理论分析与实证检验的主要结论进行总结。其次,根据本书研究结论提出相关的政策建议。最后,针对本书存在的不足,做出进一步的研究展望。

第一节 主要结论

本节通过回溯前文的研究内容,对本书的主要研究结论总结归纳如下。

第一,城市生活质量的提高可以有效地促进人力资本水平的提升。城市生活质量通过影响个人区位选择与企业区位选址对人力资本的集聚产生影响,并且城市生活质量与人力资本之间还存在循环累积因果效应,城市生活质量的提升不仅会促进人力资本的集聚,人力资本的集聚反过来也会进一步提升城市生活质量。城市生活质量影响人力资本的平均效应及相关异质性分析表明:(1)城市生活质量的提高有利于促进城市人力资本总量水平的增长。伴随着经济发展水平的提高，人们对美好生活质量的向往在区位选择中的重要性开始凸显，拥有较高水平生活质量的城市更有利于吸引各类人力资源的流入。(2) 城市生活质量的提高还可以有效促进人均人力资本的增加。人力资本平均水平的提升意味着，美好的城市生活质量在吸引人力资源的时候，相对于普通人力资本更有利于引进高水平的人力资本。这一现象的一种现实解释是享有城市提供的高生活质量往往需要购买一张"入场门票"——城市房价，而城市生活质量越高的城市，往往具有更高的房价。因此，相对于普通人力资本，高水平人力资本更容易能够承受高额的城市住房成本。(3) 相对于初始生活质量较高的东部沿海地区，内陆与中部地区城市生活质量的提高更能够促进城市人力资本的提升。这可能是由于城市生活质量的边际效应递减规律导致的。因为东部沿海地区城市生活质量的基础比较高，导致进一步提升城市生活质量对人力资本影响的边际效应锐减。对于广大的中部及内陆地区如果可以有效地改善城市生活质量，就可以极大地促进人力资本的流入。(4) 相对于初始发展水平较低的城市，具有一定经济发展基础的城市更容易通过城市生活质量的提高来促进城市人力资本水平的提升。不同发达程度给城市生活质量带来的这一异质性影响效应表明，人力资本对城市生活质量的追求还需建立在一定程度的经济发展水平上。

第二，人力资本对地区发展差距的影响机理主要包括异质型人力资本、人力资本投入要素、人力资本外部性和人力资本空间溢出效应四条路径。首先，异质型人力资本的提升短期来看会进一步加速人力资本的集聚，长期来看，异质型人力资本的提升会促进地区差距的扩大。其次，人力资本投入要素虽然可以促进地区经济增长，但是对于地区差距的影响效应并不清晰。再次，人力资本外部性效应，一方面有助于提升其他要素的生产效率；另一方面也会提升社会制度运行效率，促进区域经济增长的同时有利于缓解地区发展差距。最后，人力资本空间溢出效应有利于缓解地区发展差距。由于四条路径下，人力资本对地区发展差距的作用方向并不相同，导致人力资本对地区发展差距影响的总效应具有不确定性。

　　第三，人力资本对地区发展差距的影响会因人力资本初始禀赋的大小而异。当初期人力资本禀赋较低时，异质性人力资本水平较弱，人力资本投入数量也相对不足，导致人力资本扩大地区差距的效应较小；相反，由于人力资本数量较小，反而可能导致边际人力资本的提升更为珍贵，此时人力资本的外部性及空间溢出效应相对较强。即初始人力资本禀赋较弱时，人力资本的提升可能会缩小地区发展差距。然而，随着人力资本的积累，虽然异质型人力资本扩大地区差距的效应开始显现，但与此同时人力资本外部性与空间溢出效应缩小地区差距的效应也在同步增长。最终导致人力资本禀赋较高时，人力资本的提升对地区发展差距的影响效应并不明确。人力资本对地区发展差距的平均影响效应及相关异质性分析结果表明：相对于初始发展水平较高和人力资本禀赋较强的东部沿海地区，广大的内陆与中西部地区更容易通过人力资本的提升来减小地区发展差距。其中，中部地区的城市通过人力资本水平的提升减小与前沿发达地区发展差距的效应最大，表明借助人力资本水平的提升是中部地区城市经济发展，进而步入发达地区行列的有效途径。对于西部地区，由于其发展基础比较弱，人力资本禀赋较差，导致人力资本的边际提高还不足以发挥出人力资本的集聚规模优势，使西部地区通过人力资本提升路径暂时难以缩小与前沿发达地区的发展差距。但是西部地区通过人力资本水平的提升却可以极大地减小地区内部的发展差距。因此，对于广大中西部地区，寻求有效的人力资本提升政策是中西部地区实现与东部地区协调发展的有效路径。

　　第四，人力资本是城市生活质量影响地区发展差距的重要机制路径。这一研究结论为解决我国地区发展差距问题提供了有效的路径：城市生活质量→提升城市人力资本→缩小地区发展差距。城市生活质量的提升有利于缓解城市与前沿发达城市的发展差距，并且人力资本是城市生活质量影响地区发展差距的有效路径。城市生活质量的提升通过影响个人与企业的区位选择，加速了个人与企业向城市集聚，进而有效地促进了城市人力资本水平的提升；而城市人力资本水平的提升，借助人力资本的外部性与空间溢出效应可以有效地促进城市发展，进而缓解城市与前沿发达城市的发展差距。

综合本书研究结论发现，基于城市空间尺度测度的我国现存城市间发展差距主要表现为东部沿海城市与中西部尤其是西部城市之间的发展差距。本书研究发现，城市生活质量通向地区发展差距的传导路径中，对于中部地区城市生活质量的改善更有利于促进城市人力资本的提升，并且中部地区人力资本的提升也更容易减小地区间发展差距。此外，西部地区由于发展基础最为薄弱，导致城市生活质量对人力资本的促进效应比较有限，加上西部地区人力资本禀赋基础较差，使西部地区依靠人力资本的提升来实现对前沿发达地区的追赶比较困难。但是，西部地区通过城市人力资本的提升却可以率先有效的缩小城市内部发展差距，实现区域内部的协调。因此，对于广大的中西部地区而言，通过实施科学有效地促进人力资本提升的政策可以极大地缓解地区发展差距。而何为科学有效地促进人力资本的政策，本书研究也给出了答案：随着经济发展质量的提高，立足于提升城市生活质量的政策是促进城市人力资本，进而缓解地区发展差距的科学有效的政策。

第二节　政策启示

党的十九大以来，我国社会主要矛盾已经转化为人民日益增长的美好生活需要和不平衡不充分的发展之间的矛盾。"十四五"时期我国区域经济发展的主要目标也聚焦于地区发展不平衡与不充分的问题。新时期，人力资本对区域经济高质量发展的影响变得越来越重要，而人们对美好生活的向往使得城市生活质量对人力资本的集聚效应越发凸显。本书关于城市生活质量、人力资本与地区发展差距的研究结论，为新时期缓解我国的区域差距问题提出新的政策启示。

　　首先，我国区域协调战略的有效推进需要以培育更广泛的人力资本为支撑。城市高质量发展，培育优质产业是基础，人才集聚是关键，人力资本水平的提升可以有效地缓解地区发展差距。无论是国家间综合国力的竞争，还是城市间发展的竞争，归根结底都是人力资本的竞争。各城市要进一步强化对人力资本的重视程度，在科研投入、高层次人才引进与高水平创新平台搭建方面给出相关政策与资金支持，注重优化人力资本发展环境，坚持在打基础、利长远上下功夫。当前我国一线发达城市虽然集聚了大量的人力资本，但是整体来看我国人力资本的平均水平还相对较低，特别是中西部地区的人力资本明显不足。我国各大城市的人才引育政策，不应仅限于对现有人力资本存量的相互争夺，而应当更加重视对我国整体人力资本存量的培育。我国整体人力资本的培育还需进一步强化，一方面，应该注重教育体制的改革，促进国内双一流院校教育与世界一流院校接轨，与此同时借鉴国外人才多样化培养经验，探索各类专业化技能人才的培养模式。另一方面，着力破除各类体制机制障碍，为多样化人才松绑，打造人力资本创新发展的舒适环境，面向世界吸引高水平的人才。

　　其次，随着经济发展水平的提升，人力资本对城市生活质量的需求越来越迫切。当前国内各大城市都相继出台了各类引才政策，但是各个城市政策的同质化比较严重，多数都局限于放宽落户与给予相关住房、生活补贴等方面。在当前我国人力资本相对稀缺的背景下，广大三、四线城市仅仅依靠落户及补贴政策似乎无法实现将人才"引进来"的目的，并且三、四线城市即使短期依靠强力的补贴政策刺激人才的引进，长期来看没有相匹配的人才发展环境与空间也难以使人才"留下来"。本书研究发现，城市生活质量是人力资本集聚的一大关键要素，因此各大城市在"抢人大战"中不应该只强调各类补贴福利，而忽视对城市生活质量的提升。各地政府应该重视改善城市基础设施、优化生活环境及相关公共服务,为人力资本提供便捷舒适的生活与发展环境。立足于改善城市生活质量的引才政策,能够更有效地吸引各类优质人才,使城市在"抢人大战"的竞争中脱颖而出。

最后,结合自身发展比较优势,打造独具特色的城市生活质量是缓解中西部落后地区与东部沿海发达地区发展差距的关键。我国广大的中西部地区为了走出发展困境,实现产业结构的升级与经济高质量发展,大力建造各类同质化产业园区、科技新城并投入大量的财政补贴用以招揽人才。然而现实却与预期相背离,大量的产业园区难以吸引优质企业入驻,广发"人才帖"却少有人才登门。根据本书的研究结论,落后的中西部地区想要缓解与前沿发达地区的发展差距需要实施科学有效促进人力资本提升的政策,并且立足于改善城市生活质量的政策才能够有效地促进城市人力资本的提升。因此,对于中西部发展相对落后的地区而言不应一味地追求从生产角度大量的投入资本进行盲目的重复性建设,而应当避开与发达地区的产业发展直接竞争的锋芒,寻求自身发展的比较优势并力争成为发达地区产业分工不可替代的关键一环。此外,广大中西部地区更应当重视对城市生活质量的改善,从消费视角打造独具特色的城市生活环境,以吸引更多的人力资本投入地区的发展建设当中。

第三节 研究展望

本书虽然创新性地从城市生活质量的视角分析地区发展差距问题,为区域差距与区域协调发展的研究提供了新的思路,但受限于现实相关研究数据获取的困难以及个人研究能力的有限,本书还存在以下不足,有待未来研究中进一步的改进。

首先,对我国城市生活质量的测算方法还需进一步的改进完善。一方面,本书基于 Albouy(2009)空间一般均衡的分析框架测度城市生活质量。该空间一般均衡模型虽然从理论上将城市生活质量资本化为城市工资、房价与地租的有效组合。但该模型的基本假设中，人口与企业在空间上可以自由流动，而且市场是完全竞争的。由于我国户籍制度等因素存在，我国现实区域经济发展环境可能并不完全符合模型基本假设。因此，需要进一步构建符合我国现实发展环境的城市生活质量测度理论，并考虑将房价与工资之外的其他因素纳入研究框架当中，这是未来城市生活质量测度的一大改进方向，但无疑也是一个重大的研究挑战。另一方面，多数研究都采用了微观普查数据来测度城市生活质量，但现实我国相关的城市个体普查数据仅有2005年1%人口抽样调查微观数据可以使用。随着科技的发展，微观个体的统计数据也在变得更加全面，未来能够获得更多、更精准的微观数据会给城市生活质量研究带来大的改进。为了弥补现实微观个人数据获取的困难，目前南开大学中国区域经济应用实验室（China REAL）中国城市发展指数平台建设城市内栅格级的统计数据，用微观地理数据作为微观个人数据的有效替代为城市生活质量的测算提供了很好的方法借鉴。

其次，本书构建了城市生活质量→人力资本→地区发展差距的逻辑框架，验证了人力资本的提升是缓解地区发展差距的有效路径，并且城市生活质量的改善是促进人力资本提升的关键。但是对于城市生活质量的影响因素以及如何有效地改善城市生活质量还待后续进一步的深化研究。此外，城市生活质量与城市发展之间存在高度的相关性，基于一般均衡的分析框架，重新构建"城市生活质量、人力资本与地区发展差距"三者之间的数理模型，并设计相应的结构性方程模型来进行实证检验，以解决城市生活质量、人力资本与城市发展之间的内生联系是本研究未来深化的另一大方向与挑战。

参考文献

安虎森等编著：《新经济地理学原理（第二版）》，经济科学出版社 2009 年版。

安筱鹏：《利益主体多元化背景下的区域经济一体化》，《人文地理》2003 年第 5 期。

蔡昉、都阳：《中国地区经济增长的趋同与差异——对西部开发战略的启示》，《经济研究》2000 年第 10 期。

蔡昉、王德文、曲玥：《中国产业升级的大国雁阵模型分析》，《经济研究》2009 年第 9 期。

蔡晓珊、安康：《我国区域经济协调互动发展评价体系研究》，《经济问题探索》2012 年第 10 期。

蔡玉胜：《地区经济差距变动研究的理论流派与渊源》，《中州学刊》2005 年第 4 期。

曹丽琴、李平湘、张良培：《基于 DMSP/OLS 夜间灯光数据的城市人口估算——以湖北省各县市为例》，《遥感信息》2009 年第 1 期。

陈得文、苗建军：《人力资本集聚、空间溢出与区域经济增长——基于空间过滤模型分析》，《产业经济研究》2012 年第 4 期。

陈德球、李思飞、王丛：《政府质量、终极产权与公司现金持有》，《管理世界》2011 年第 11 期。

陈建军：《中国现阶段产业区域转移的实证研究——结合浙江 105 家企业的问卷调查报告的分析》，《管理世界》2002 年第 6 期。

陈耀：《构建区域协调新机制应充分体现制度优势》，《区域经济评论》2019年第1期。

陈耀、冯超：《贸易成本、本地关联与产业集群迁移》，《中国工业经济》2008年第3期。

陈钊、陆铭、金煜：《中国人力资本和教育发展的区域差异：对于面板数据的估算》，《世界经济》2004年第12期。

程必定：《产业转移"区域黏性"与皖江城市带承接产业转移的战略思路》，《华东经济管理》2010年第4期。

戴翔、刘梦、任志成：《劳动力演化如何影响中国工业发展：转移还是转型》，《中国工业经济》2016年第9期。

丁建福、萧今、王绍光：《中国县级义务教育投入差异的空间格局及收敛性》，《教育科学》2015年第2期。

樊士德、沈坤荣、朱克朋：《中国制造业劳动力转移刚性与产业区际转移——基于核心—边缘模型拓展的数值模拟和经验研究》，《中国工业经济》2015年第11期。

范剑勇、李方文：《中国制造业空间集聚的影响：一个综述》，《南方经济》2011年第6期。

范剑勇、谢强强：《地区间产业分布的本地市场效应及其对区域协调发展的启示》，《经济研究》2010年第4期。

傅勇：《财政分权、政府治理与非经济性公共物品供给》，《经济研究》2010年第8期。

傅勇、张晏：《中国式分权与财政支出结构偏向：为增长而竞争的代价》，《管理世界》2007年第3期。

干春晖、郑若谷：《中国地区经济差距演变及其产业分解》，《中国工业经济》2010年第6期。

高波、陈健、邹琳华：《区域房价差异、劳动力流动与产业升级》，《经济研究》2012年第1期。

高义、王辉、王培涛、孙晓宇、吕婷婷：《基于人口普查与多源夜间灯光数据的海岸带人口空间化分析》，《资源科学》2013年第12期。

葛小寒、陈凌：《人力资本、人口变动与经济增长》，《人口与经济》2010年第1期。

龚晓菊、赵云平：《区域产业布局与重化工产业西移》，《管理世界》2013年第8期。

郭庆旺、贾俊雪：《地方政府间策略互动行为、财政支出竞争与地区经济增长》，《管理世界》2009年第10期。

郭庆旺、贾俊雪：《中国全要素生产率的估算：1979—2004》，《经济研究》2005年第6期。

胡鞍钢：《建立知识经济基础，促进中国社会转型》，《中国软科学》2002年第6期。

胡安俊、孙久文：《中国制造业转移的机制、次序与空间模式》，《经济学（季刊）》2014年第4期。

胡玫：《浅析中国产业梯度转移路径依赖与产业转移黏性问题》，《经济问题》2013年第9期。

黄玖立、冼国明：《人力资本与中国省区的产业增长》，《世界经济》2009年第5期。

黄寿峰：《财政分权对中国雾霾影响的研究》，《世界经济》2017年第2期。

姜文仙：《区域协调发展的动力机制研究》，博士学位论文，暨南大学，2011年。

金碚：《区域竞争深刻影响区域发展态势》，《区域经济评论》2017年第3期。

金碚：《以区域协调发展新机制焕发区域发展新动能的重要机理》，《区域经济评论》2019年第1期。

金相郁：《产业结构与区域经济增长：基于动态外部效应》，《华中师范大学学报》（人文社会科学版）2007年第3期。

靳卫东、王林杉、徐银良：《区域产业转移的定量测度与政策适用性研究》，《中国软科学》2016年第10期。

李峰、米晓楠、刘军等：《基于NPP-VIIRS夜间灯光数据的北京市 GDP 空间化方法》，《国土资源遥感》2016 年第 3 期。

李海峥、贾娜、张晓蓓等：《中国人力资本的区域分布及发展动态》，《经济研究》2013 年第 7 期。

李建民：《人力资本与经济持续增长》，《南开经济研究》1999 年第 4 期。

李兰冰：《中国区域协调发展的逻辑框架与理论解释》，《经济学动态》2020 年第 1 期。

李廉水、周彩红：《区域分工与中国制造业发展——基于长三角协整检验与脉冲响应函数的实证分析》，《管理世界》2007 年第 10 期。

李涛、周业安：《中国地方政府间支出竞争研究——基于中国省级面板数据的经验证据》，《管理世界》2009 年第 2 期。

李天健、侯景新：《中国人力资本的空间集聚与分布差异》，《世界经济文汇》2015 年第 3 期。

李小平、卢现祥、陶小琴：《环境规制强度是否影响了中国工业行业的贸易比较优势》，《世界经济》2012 年第 4 期。

李秀敏：《人力资本、人力资本结构与区域协调发展——来自中国省级区域的证据》，《华中师范大学学报》（人文社会科学版）2007 年第 3 期。

李永友、沈坤荣：《辖区间竞争、策略性财政政策与 FDI 增长绩效的区域特征》，《经济研究》2008 年第 5 期。

李豫新、任凤：《新疆南北疆区域经济发展差异预警研究》，《干旱区资源与环境》2012 年第 8 期。

梁琦、李建成、陈建隆：《异质性劳动力区位选择研究进展》，《经济学动态》2018 年第 4 期。

梁琦、李晓萍、吕大国：《市场一体化、企业异质性与地区补贴——一个解释中国地区差距的新视角》，《中国工业经济》2012 年第 2 期。

林毅夫、刘明兴：《中国的经济增长收敛与收入分配》，《世界经济》2003 年第 8 期。

刘秉镰、边杨、周密等：《中国区域经济发展 70 年回顾及未来展望》，《中国工业经济》2019 年第 9 期。

刘红光、刘卫东、刘志高：《区域间产业转移定量测度研究——基于区域间投入产出表分析》，《中国工业经济》2011 年第 6 期。

刘华军、贾文星：《不同空间网络关联情形下中国区域经济增长的收敛检验及协调发展》，《南开经济研究》2019 年第 3 期。

刘夏明、魏英琪、李国平：《收敛还是发散？——中国区域经济发展争论的文献综述》，《经济研究》2004 年第 7 期。

刘翔、曹裕：《两型社会视角下的区域协调发展评价研究——基于长株潭城市群的实证分析》，《科技进步与对策》2011 年第 6 期。

刘新争：《比较优势、劳动力流动与产业转移》，《经济学家》2012 年第 2 期。

刘友金、吕政：《梯度陷阱、升级阻滞与承接产业转移模式创新》，《经济学动态》2012 年第 11 期。

刘智勇、李海峥、胡永远、李陈华：《人力资本结构高级化与经济增长——兼论东中西部地区差距的形成和缩小》，《经济研究》2018 年第 3 期。

陆军、刘海文：《生活质量研究回顾与展望——基于城市经济学的视角》，《江苏社会科学》2018 年第 2 期。

陆铭、陈钊：《在集聚中走向平衡：城乡和区域协调发展的"第三条道路"》，《世界经济》2008 年第 8 期。

陆铭、陈钊、严冀：《收益递增、发展战略与区域经济的分割》，《经济研究》2004 年第 1 期。

陆铭、向宽虎、陈钊：《中国的城市化和城市体系调整：基于文献的评论》，《世界经济》2011 年第 6 期。

罗长林：《合作、竞争与推诿——中央、省级和地方间财政事权配置研究》,《经济研究》2018 年第 11 期。

罗世勇:《江西省区域经济差异及其协调发展研究》,博士学位论文,南昌大学,2006.

罗勇、王亚、范祚军:《异质性人力资本、地区专业化与收入差距——基于新经济地理学视角》,《中国工业经济》2013 年第 2 期。

牛树海、杨梦瑶:《中国区域经济差距的变迁及政策调整建议》,《区域经济评论》2020 年第 2 期。

潘桔:《中国区域经济发展不平衡测度及影响因素分析》,博士学位论文,辽宁大学,2020。

彭国华:《中国地区收入差距、全要素生产率及其收敛分析》,《经济研究》2005 年第 9 期。

彭荣胜:《区域经济协调发展的内涵、机制与评价研究》,博士学位论文,河南大学,2007。

乔宝云、范剑勇、冯兴元:《中国的财政分权与小学义务教育》,《中国社会科学》2005 年第 6 期。

渠敬东、周飞舟、应星:《从总体支配到技术治理——基于中国 30 年改革经验的社会学分析》,《中国社会科学》2009 年第 6 期。

邵帅:《煤炭资源开发对中国煤炭城市经济增长的影响——基于资源诅咒学说的经验研究》,《财经研究》2010 年第 3 期。

沈坤荣、马俊:《中国经济增长的"俱乐部收敛"特征及其成因研究》,《经济研究》2002 年第 1 期。

盛来运、郑鑫、周平、李拓:《我国经济发展南北差距扩大的原因分析》,《管理世界》2018 年第 9 期。

石佑启、杨治坤:《中国政府治理的法治路径》,《中国社会科学》2018 年第 1 期。

孙晓华、郭旭、王昀:《产业转移、要素集聚与地区经济发展》,《管理世界》2018 年第 5 期。

覃成林、熊雪如:《我国制造业产业转移动态演变及特征分析——基于相对净流量指标的测度》,《产业经济研究》2013 年第 1 期。

覃成林、张华、毛超:《区域经济协调发展:概念辨析、判断标准与评价方法》,《经济体制改革》2011 年第 4 期。

覃成林、郑云峰、张华:《我国区域经济协调发展的趋势及特征分析》,《经济地理》2013 年第 1 期。

唐飞鹏:《省际财政竞争、政府治理能力与企业迁移》,《世界经济》2016 年第 10 期。

唐为:《分权、外部性与边界效应》,《经济研究》2019 年第 3 期。

田钊平:《江苏省区域经济差异评价与协调发展研究》,《华东经济管理》2011 年第 5 期。

万广华、陆铭、陈钊:《全球化与地区间收入差距:来自中国的证据》,《中国社会科学》2005 年第 3 期。

王德劲、向蓉美:《我国人力资本存量估算》,《统计与决策》2006 年第 10 期。

王菲、李善同:《交通可达性对地区制造业专业化的影响——基于中国地级城市面板数据的实证研究》,《管理评论》2019 年第 8 期。

王继源:《我国区域协调发展评价研究》,《宏观经济管理》2019 年第 3 期。

王金营:《中国经济增长与综合要素生产率和人力资本需求》,《中国人口科学》2002 年第 2 期。

王美今、林建浩、余壮雄:《中国地方政府财政竞争行为特性识别:"兄弟竞争"与"父子争议"是否并存?》,《管理世界》2010 年第 3 期。

王琪、袁涛、郑新奇:《基于夜间灯光数据的中国省域 GDP 总量分析》,《城市发展研究》2013 年第 7 期。

王青、金春:《中国城市群经济发展水平不平衡的定量测度》,

《数量经济技术经济研究》2018年第11期。

王文静:《人力资本对区域经济增长的作用及收敛性研究》,博士学位论文,东北师范大学,2013年。

王小龙、方金金:《政府层级改革会影响地方政府对县域公共教育服务的供给吗?》,《金融研究》2014年第8期。

王小鲁、樊纲:《中国地区差距的变动趋势和影响因素》,《经济研究》2004年第1期。

王智毓:《创新驱动背景下科技服务业对经济增长的影响研究》,博士学位论文,北京交通大学,2020年。

魏后凯:《论我国区际收入差异的变动格局》,《经济研究》1992年第4期。

魏后凯:《大都市区新型产业分工与冲突管理——基于产业链分工的视角》,《中国工业经济》2007年第2期。

温忠麟、叶宝娟:《中介效应分析:方法和模型发展》,《心理科学进展》2014年第5期。

吴群、李永乐:《财政分权、地方政府竞争与土地财政》,《财贸经济》2010年第7期。

吴三忙:《基于FDI非均衡分布视角的中国地区经济发展差距研究》,博士学位论文,西北大学,2008。

吴文钰:《城市便利性、生活质量与城市发展:综述及启示》,《城市规划学刊》2010年第4期。

肖金成:《区域发展战略的演变与区域协调发展战略的确立——新中国区域发展70年回顾》,《企业经济》2019年第2期。

谢呈阳、周海波、胡汉辉:《产业转移中要素资源的空间错配与经济效率损失:基于江苏传统企业调查数据的研究》,《中国工业经济》2014年第12期。

徐现祥、李郇:《市场一体化与区域协调发展》,《经济研究》2005年第12期。

徐勇、樊杰:《区域发展差距测度指标体系探讨》,《地理科学进展》2014 年第 9 期。

燕安、黄武俊：《人力资本不平等与地区经济增长差异——基于 1987—2008 年中国人力资本基尼系数分省数据的考察》，《山西财经大学学报》2010 年第 6 期。

杨玲丽、万陆：《关系制约产业转移吗?——"关系嵌入—信任—转移意愿"的影响研究》，《管理世界》2017 年第 7 期。

杨伟民：《地区间收入差距变动的实证分析》，《经济研究》1992 年第 1 期。

杨小凯：《经济学原理》，中国社会科学出版社 1998 年版。

杨亚平、周泳宏：《成本上升、产业转移与结构升级——基于全国大中城市的实证研究》，《中国工业经济》2013 年第 7 期。

姚先国、张海峰：《教育、人力资本与地区经济差异》，《经济研究》2008 年第 5 期。

殷华方、潘镇、鲁明泓：《中央—地方政府关系和政策执行力:以外资产业政策为例》《管理世界》2007 年第 7 期。

袁惊柱：《区域协调发展的研究现状及国外经验启示》，《区域经济评论》2018 年第 2 期。

岳书敬：《我国省级区域人力资本的综合评价与动态分析》，《现代管理科学》2008 年第 4 期。

张佰瑞：《我国区域协调发展度的评价研究》，《工业技术经济》2007 年第 9 期。

张帆：《中国的物质资本和人力资本估算》，《经济研究》2000 年第 8 期。

张公嵬、梁琦：《产业转移与资源的空间配置效应研究》，《产业经济评论（山东）》2010 年第 3 期。

张军、吴桂英、张吉鹏：《中国省际物质资本存量估算:1952—2000》，《经济研究》2004 年第 10 期。

张可云：《区域协调发展新机制的内容与创新方向》，《区域经济评论》2019 年第 1 期。

张可云、何大梽：《"十四五"时期区域协调发展的空间尺度探讨》，《学术研究》2021年第1期。

张可云、沈洁：《区域协调发展中的政府体制改革思路》，《中州学刊》2017年第1期。

张学良、李培鑫、李丽霞：《政府合作、市场整合与城市群经济绩效——基于长三角城市经济协调会的实证检验》，《经济学（季刊）》2017年第4期。

赵伟、李芬：《异质性劳动力流动与区域收入差距：新经济地理学模型的扩展分析》，《中国人口科学》2007年第1期。

赵勇、白永秀：《中国城市群功能分工测度与分析》，《中国工业经济》2012年第11期。

赵勇、魏后凯：《政府干预、城市群空间功能分工与地区差距——兼论中国区域政策的有效性》，《管理世界》2015年第8期。

周德禄：《基于人口指标的群体人力资本核算理论与实证》，《中国人口科学》2005年第3期。

周京奎：《城市舒适性与住宅价格、工资波动的区域性差异——对1999—2006中国城市面板数据的实证分析》，《财经研究》2009年第9期。

周黎安：《晋升博弈中政府官员的激励与合作——兼论我国地方保护主义和重复建设问题长期存在的原因》，《经济研究》2004年第6期。

周业安：《地方政府治理：分权、竞争与转型》，《人民论坛·学术前沿》2014年第4期。

周业安、宋紫峰：《中国地方政府竞争30年》，《教学与研究》2009年第11期。

周翼、陈英、刘洋、田丰、易鑫程：《NPP-VIIRS年度夜间灯光数据的合成方法与验证》，《遥感信息》2019年第2期。

朱平芳、徐大丰：《中国城市人力资本的估算》，《经济研究》2007年第9期。

朱旭峰、赵慧:《政府间关系视角下的社会政策扩散——以城市低保制度为例(1993—1999)》,《中国社会科学》2016 年第 8 期。

庄亚明、李晏墅、李金生、杨浩巍:《区域经济协调发展的 GAH-S 评价体系研究——基于江苏的数据》,《中国工业经济》2008 年第 6 期。

Acemoglu D., Fabrizio Z., "Productivity Differences", *The Quarterly Journal of Economics*, Vol. 116, No. 2, 2001.

Albouy D., "Are Big Cities Really Bad Places to Live? Improving Quality-of-Life Estimates across Cities", *Cambridge: National Bureau of Economic Research*, 2008.

Albouy D., "What Are Cities Worth? Land Rents, Local Productivity, and the Capitalization of Amenity Values", *Cambridge: National Bureau of Economic Research*, 2009.

Albouy D., "What Are Cities Worth? Land Rents, Local Productivity, and the Total Value of Amenities", *The Review of Economics and Statistics*, Vol. 98, No. 3, 2016.

Alonso W., *Location and Land Use: Toward a General Theory of Land Rent*, Cambridge: Harvard University Press, 1964.

Anderson J. E., Wincoop E., "Gravity with Gravitas: A Solution to the Border Puzzle", *The American Economic Review*, Vol. 93, No. 1, 2003.

Arauzo-Carod J. M., Daniel L. S., Miguel M. A., "Empirical Studies in Industrial Location?: An Assessment of Their Methods and Results", *Journal of Regional Science*, Vol. 50, No. 3, 2010.

Arnott R. J., Stiglitz J. E., "Aggregate Land Rents, Expenditure on Public Goods, and Optimal City Size", *The Quarterly Journal of Economics*, Vol. 93, No. 4, 1979.

Atkin D., Donaldson D., "Who's Getting Globalized? The Size and Implications of Intra-national Trade Costs", *Cambridge: National Bureau of Economic Research*, 2015.

Barro R. J., Lee J. W., "International Comparisons of Educational

Attainment", *Journal of Monetary Economics*, Vol. 32, No. 3, 1993.

Barro R. J., Sala-I-Martin X., "Convergence across States and Regions", *Brookings Papers on Economic Activity*, Vol. 123, No. 1, 1991.

Brennan G., Buchanan J. M., "The Power to Tax: Analytical Foundations of a Fiscal Constitution", *Southern Economic Journal*, Vol. 48, No. 192, 1981.

Brouwer A. E., Mariotti I., Ommeren J. V., "The firm relocation Decision: an Empirical Investigation", *The Annals of Regional Science*, Vol. 38, No. 2, 2004.

Mulligan C. B., Sala-I-Martin X., "A Labor-Income-Based Measure of the Value of Human Capital: An Application to the States of the United States", *Cambridge: National Bureau of Economic Research*, 1995.

Chen Z., Kahn M. E., Liu Y., Wang Z., "The Consequences of Spatially Differentiated Water Pollution Regulation in China", *Journal of Environmental Economics and Management*, Vol. 88, 2018.

Chung J. H., "Studies of Central-Provincial Relations in the People's Republic of China: A Mid-Term Appraisal", *The China Quarterly*, No. 142, 1995.

Coulombe S., "New Evidence of Convergence across Canadian Provinces: The Role of Urbanization", *Regional Studies*, Vol. 34, No. 8, 2000.

Davis D. R., Dingel J. I., "A Spatial Knowledge Economy", *American Economic Review*, Vol. 109, No. 1, 2019.

Dijk J. V., Pellenbarg, P. H., "Firm Relocation Decisions in The Netherlands: An Ordered Logit Approach", *Papers in Regional Science*, Vol. 79, No. 2, 2000.

Dixit A. K., Stiglitz J. E., "Monopolistic Competition and Optimum Product Diversity", *The American Economic Review*, Vol. 67, No. 3, 1977.

Douglas S., "Estimating Relative Standard of Living in the United

States Using Cross – Migration Data", *Journal of Regional Science*, Vol. 37, No. 3, 2002.

Elhorst J. P., "Specification and Estimation of Spatial Panel Data Models", *International Regional Science Review*, Vol. 26, No. 3, 2003.

Foster R., "Economic and Quality of Life Factors in Industrial Location Decisions", *Social Indicators Research*, Vol. 4, No. 3, 1977.

Friedmann J., *Regional development policy: a case study of Venezuela*, Cambridge: The MIT Press, 1966.

Fujita M., Hu D., "Regional Disparity in China 1985–1994?: The Effects of Globalization and Economic Liberalization", *The Annals of Regional Science*, Vol. 35, No. 1, 2001.

Glaeser E. L., Kohlhase J. E., "Cities, Regions and the Decline of Transport Costs", *Papers in Regional Science*, Vol. 83, No. 1, 2004.

Glaeser E. L., Kolko J., Saiz A., "Consumer City", *Journal of Economic Geography*, Vol. 1, No. 1, 2001.

Glaeser E. L., Maré D. C., "Cities and Skills", *Journal of Labor Economics*, Vol. 19, No. 2, 2001.

Glaeser E. L., Tobio K., "The Rise of the Sunbelt", *Southern Economic Journal*, Vol. 74, No. 3, 2008.

Gottlieb P. D., "Amenities as an Economic Development Tool: Is there Enough Evidence?", *Economic Development Quarterly*, Vol. 8, No. 3, 1994.

Greenwood M. J., "Human Migration: Theory, Models, and Empirical Studies", *Journal of Regional Science*, Vol. 25, No. 4, 1985.

Gyourko J., Tracy J., "The Structure of Local Public Finance and the Quality of Life", *Journal of Political Economy*, Vol. 99, No. 4, 1991.

Hanson G. H., "Regional Adjustment to Trade Liberalization", *Regional Science and Urban Economics*, Vol. 28, No. 4, 1998.

Heberle R., "The Causes of Rural–Urban Migration a Survey of German Theories", *American Journal of Sociology*, Vol. 43, No. 6, 1938.

Millimet H. D. L., "Pollution Abatement Costs and Foreign Direct Investment Inflows to US Sates: A Nonparametric Reassessment", *The Review of Economics and Statistics*, Vol. 89, No. 1, 2007.

Henderson J., Dicken P., Hess M., Coe N., Yeung H. W. C., "Global Production Networks and the Analysis of Economic Development", *Review of International Political Economy*, Vol. 9, No. 3, 2002.

Krugman P. R., *Geography and Trade*, Cambridge: MIT press, 1992.

Krugman P. R., "Increasing Returns and Economic Geography", *Journal of Political Economy*, Vol. 99, No. 3, 1991.

Krugman P. R., "Space: the Final Frontier", *Journal of Economic Perspectives*, Vol. 12, No. 2, 1998.

Liu B., "Quality of Life Indicators in U. S. Metropolitan Areas: A Statistical Analysis", New York: Praeger, 1976.

Lu J., Tao Z., "Trends and Determinants of China's Industrial Agglomeration", *Journal of Urban Economics*, Vol. 65, No. 2, 2009.

Lucas R. E., "On the Mechanics of Economic Development", *Journal of Monetary Economics*, Vol. 22, No. 1, 1988.

Mankiw N. G., Romer D., Weil D. N., "A Contribution to the Empirics of Economic Growth", *The Quarterly Journal of Economics*, Vol. 107, No. 2, 1992.

Michael P., Takatoshi T., "Comparative advantage, Agglomeration economies and trade costs", *Journal of Urban Economics*, Vol. 109, No. 1, 2019.

Mills E. S., "An Aggregative Model of Resource Allocation in a Metropolitan Area", *American Economic Review*, Vol. 57, No. 2, 1967.

Mincer J., "Schooling, Experience and Earnings", *Cambridge: National Bureau of Economic Research*, 1974.

Moretti E., "Real Wage Inequality", *Cambridge: National Bureau of Economic Research*, 2008.

Nelson R., Phelps E., "Investment in Humans, Technological Diffusion, and Economic Growth", *The American Economic Review*, Vol. 56, No. 112, 1966.

Oi J. C., "Fiscal Reform and the Economic Foundations of Local State Corporatism in China", *World Politics*, Vol. 45, No. 1, 1992.

Peng M. W., "Modeling China's Economic Reforms through an Organizational Approach: The Case of the M-Form Hypothesis", *Journal of Management Inquiry*, Vol. 5, No. 1, 1996.

Rappaport J., "Consumption amenities and city population density", *Regional Science and Urban Economics*, Vol. 38, No. 6, 2008.

Rappaport J., "The increasing importance of quality of life", *Journal of Economic Geography*, Vol. 9, No. 6, 2009.

Ricardo D., *Principles of Political Economy and Taxation*, London: Prometheus Books, 1817.

Roback J., "Wages, Rents, and the Quality of Life", *Journal of Political Economy*, Vol. 90, No. 6, 1982.

Romer P. M., "Increasing Returns and Long-Run Growth", *Journal of Political Economy*, Vol. 94, No. 5, 1986.

Sachs J. D., Warner A. M., "Economic Convergence and Economic Policies", *Cambridge: National Bureau of Economic Research*, 1995.

Savona M., Schiattarella R., "International relocation of production and the growth of services: the case of the 'Made in Italy' industries", *Transnational Corporations*, Vol. 13, No. 2, 2004.

Schultz T. "Investment in Human Capital", *The American Economic Review*, Vol. 51, No. 1, 1961.

Shapiro J. M., "Smart Cities: Quality of Life, Productivity, and the Growth Effects of Human Capital", *The Review of Economics and Statistics*, Vol. 88, No. 2, 2006.

Smith A., *An Inquiry into the Nature and Causes of the Wealth of Nations*, Oxford: Oxford University Press, 1776.

Solow R. M., "A Contribution to the Theory of Economic Growth", *The Quarterly Journal of Economics*, Vol. 70, No. 1, 1956.

Tiebout C. M., "A Pure Theory of Local Expenditures", *Journal of Political Economy*, Vol. 64, No. 5, 1956.

Venables A. J., "Equilibrium Locations of Vertically Linked Industries", *International Economic Review*, Vol. 37, No. 2, 1996.

Wall H. J., "Voting with Your Feet in the United Kingdom?: Using Cross-Migration Rates to Estimate Relative Living Standards", *Papers in Regional Science*, Vol. 80, No. 1, 2001.

Weber A., *Theory of the Location of Industries*, Chicago: University of Chicago Press, 1909.

附　　录

附录 A　城市便捷性理论补充证明

首先，根据 Shepard 引理，可贸易品 X 与非贸易品 Y 的成本函数 c_X、c_Y 对要素价格的偏导为相应要素的条件要素需求函数，即希克斯需求函数。具体如下式：

$$\frac{\partial c_X}{\partial \omega} = \frac{N_X}{X}, \quad \frac{\partial c_X}{\partial r} = \frac{L_X}{X}, \quad \frac{\partial c_X}{\partial i} = \frac{K_X}{X}$$

$$\frac{\partial c_Y}{\partial \omega} = \frac{N_Y}{Y}, \quad \frac{\partial c_Y}{\partial r} = \frac{L_Y}{Y}, \quad \frac{\partial c_Y}{\partial i} = \frac{K_Y}{Y} \tag{A1}$$

其次，根据可贸易品空间均衡条件 $c_X(r^i, \omega^i, \zeta)/A_X^i = 1$ 可得：

$$\hat{A}_X^i = \frac{\partial c_X}{\partial r^i}dr^i + \frac{\partial c_X}{\partial \omega^i}d\omega^i = \frac{r^i L_X^i dr^i}{X^i \ r^i} + \frac{\omega^i N_X^i d\omega^i}{X^i \ \omega^i} = \theta_L^i \hat{r}^i + \theta_N^i \hat{\omega}^i \tag{A2}$$

式（A2）中 $\theta_L^i \equiv \frac{r^i L_X^i}{X^i}$、$\theta_N^i \equiv \frac{\omega^i N_X^i}{X^i}$ 分别表示企业生产可贸易品 X 的成本中土地与劳动力成本所占的份额。

根据非贸易品厂商空间均衡条件 $c_Y(r^i, \omega^i, \zeta)/A_Y^i = p^i$ 可得：

$$\hat{p}^i + \hat{A}_Y^i = \frac{\partial c_Y}{\partial r^i}dr^i + \frac{\partial c_Y}{\partial \omega^i}d\omega^i = \frac{r^i L_Y^i dr^i}{Y^i \ r^i} + \frac{\omega^i N_Y^i d\omega^i}{Y^i \ \omega^i} = \varphi_L^i \hat{r}^i + \varphi_N^i \hat{\omega}^i \tag{A3}$$

上式变形可得：$\hat{A}_Y^i = \varphi_L^i \hat{r}^i + \varphi_N^i \hat{\omega}^i - \hat{p}^i$ \quad (A4)

式（A4）中 $\varphi_L^i \equiv \frac{r^i L_Y^i}{Y^i}$、$\varphi_N^i \equiv \frac{\omega^i N_Y^i}{Y^i}$ 分别表示企业生产非贸易品 Y

的成本中土地与劳动力成本所占的份额。式（A2）与式（A4）分别为城市便捷性特征决定的可贸易品生产率与非贸易品生产率资本化为城市工资、房价与地租的空间均衡方程。

附录 B　居民收入与支出相关参数估计

由于城市的非贸易品可进一步区分为住房商品与非住房商品，因此非贸易品支出比例中包含居民住房成本支出比例与额外的非住房商品的消费比例。由于城市非住房商品的价格无法全部观测得到，根据 Albouy（2008）、Moretti（2008）和 Shapiro（2006）研究发现，城市间非住房成本差异可以使用城市间住房成本的差异来进行估算，即城市住房成本增加 1% 的情况下预测城市非住房成本将增加 b%。借鉴南开大学中国区域经济应用实验室（China REAL）城市发展指数体系中的城市生活质量指数的处理方法，使用各省份 2013—2018 年的城市居民消费支出分类中的居住消费与其他非住房商品消费的数据对参数 b 进行估计，具体的估计模型为式（B1）：

$$\ln(p_{oth,ct}) = \alpha + b\ln(p_{hous,ct}) + \beta_c + \varepsilon_{ct} \tag{B1}$$

估计结果见表 B1。最终，根据估计结果可得：

$$s_y = s_{hous} + s_{oth} \times 0.82 \tag{B2}$$

表 B1　城市居民居住消费对其他非住房商品消费的影响估计

lnoth	Coef.	St. Err	t-value	p-value	Sig.
lnhou	0.819***	0.118	6.97	0.000	***
_cons	1.934	0.988	1.96	0.060	*
Mean dependent var	8.819	SD dependent var			0.268
R-squared	0.644	Number of obs			166.000

续表

lnoth	Coef.	St. Err	t-value	p-value	Sig.
F-test	48.537	Prob>F			
Akaike crit.（AIC）	-329.853	Bayesian crit.（BIC）			-326.741

注：其他非住房消费为非贸易品支出中除了居住类之外的其他商品，包括交通、医疗与教育；*、***分别表示10%、5%、1%的显著性水平。

表 B2　　　　2013—2018 年我国城市居民工资性收入与非贸易品支出的比例

年份	人均可支配收入（元/人）	工资性收入（元/人）	人均居住消费支出（元/人）	s_ω	s_{hous}	s_{oth}	s_y
2013	26467	16617.38	4301.37	0.628	0.163	0.536	0.602
2014	28843.85	17936.82	4489.56	0.622	0.156	0.537	0.596
2015	31194.83	19337.1	4725.98	0.620	0.151	0.534	0.590
2016	33616.25	20664.99	5113.71	0.615	0.152	0.534	0.590
2017	36396.19	22200.93	5564.00	0.610	0.153	0.519	0.578
2018	39250.84	23792.21	6254.97	0.606	0.159	0.506	0.574

资料来源：《中国统计年鉴》（2020）。

表 B2 中 s_ω、s_{hous}、s_{other} 的计算见式（B3）、式（B4）、式（B5）。s_y 的计算根据前文估计结果式（B2）计算。

$$s_\omega = \frac{\text{工资性收入}}{\text{人均可支配收入}} \tag{B3}$$

$$s_{hous} = \frac{\text{居民人均居住消费支出}}{\text{人均可支配收入}} \tag{B4}$$

$$s_{oth} = \frac{\text{居民其他消费支出}}{\text{人均可支配收入}} \tag{B5}$$

附录C 我国城市生活质量100强城市

表 C1　　我国城市生活质量100强城市

城市	2018年	2015年	2013年	城市	2018年	2015年	2013年
厦门	0.825	0.699	0.560	泉州	0.186	0.112	0.118
深圳	0.792	0.869	0.439	舟山	0.186		0.167
北京	0.700	0.653	0.622	郑州	0.184	0.190	0.083
上海	0.615	0.650	0.459	扬州	0.170	0.060	-0.013
福州	0.512	0.397	0.299	廊坊	0.166	-0.052	-0.048
广州	0.501	0.438	0.313	漳州	0.162	0.131	
杭州	0.462	0.332	0.381	合肥	0.158	0.047	-0.087
南京	0.418	0.398	0.310	宜昌	0.152	0.079	0.137
珠海	0.389	0.366	0.150	中山	0.146	-0.100	-0.232
温州	0.378	0.466		龙岩	0.140	0.137	
汕头	0.331	0.102		邯郸	0.132	0.061	-0.028
天津	0.329	0.269	0.183	昆明	0.132	0.062	0.041
东莞	0.314	0.159	0.062	威海	0.130	-0.078	-0.082
青岛	0.307	0.242	0.232	成都	0.121	0.002	-0.041
石家庄	0.304	0.188	0.128	南通	0.114	0.030	-0.069
莆田	0.304	0.275	0.332	南昌	0.113	0.170	0.128
宁波	0.287	0.192	0.270	太原	0.113	0.069	0.008
武汉	0.285	0.146	0.023	常州	0.112	-0.144	-0.360
济南	0.267	0.075	0.026	重庆	0.111	-0.096	-0.096
金华	0.249	0.132		呼和浩特	0.108	-0.098	-0.087
绍兴	0.237	0.154	-0.005	泰州	0.096	-0.234	0.030
苏州	0.227	0.213	0.086	芜湖	0.095	-0.090	-0.037
台州	0.201	0.057	0.228	聊城	0.089	-0.044	
泰安	0.189	0.048		张家口	0.084	0.046	
保定	0.189	0.093	-0.155	徐州	0.084	0.010	-0.063

续表

城市	城市生活质量 QOL 指数			城市	城市生活质量 QOL 指数		
	2018 年	2015 年	2013 年		2018 年	2015 年	2013 年
西安	0.083	-0.090	-0.141	抚州	0.009	-0.049	
承德	0.082	0.014		达州	0.009	-0.125	
烟台	0.080	0.028	0.056	无锡	0.005	-0.165	-0.157
丹东	0.077	0.137		秦皇岛	0.005	-0.099	0.021
宁德	0.067			衡水	0.004	-0.093	
兰州	0.065	0.079	0.064	日照	0.004	-0.042	-0.093
大连	0.065	0.105	0.101	嘉兴	0.003	-0.104	-0.480
佛山	0.063	-0.113	-0.145	濮阳	0.001	0.024	
哈尔滨	0.052	0.159	-0.001	镇江	0.000	-0.019	-0.156
吉安	0.047	-0.099		赤峰	-0.003	-0.083	-0.013
赣州	0.047	-0.044		沧州	-0.007	-0.077	
湖州	0.038	0.072	0.018	柳州	-0.009	-0.008	
盐城	0.038	0.009		南阳	-0.010	-0.093	
襄阳	0.037	-0.034	0.147	淮安	-0.012	-0.101	-0.141
阜阳	0.035	0.043		上饶	-0.012	0.088	
惠州	0.032	-0.079	-0.189	鹤壁	-0.012	-0.005	
德州	0.029	-0.061		岳阳	-0.014		
天水	0.025			孝感	-0.015	-0.099	
南宁	0.022	-0.094	-0.066	黄山	-0.016	-0.095	
衢州	0.021	-0.095	-0.116	咸阳	-0.017	-0.044	
潮州	0.021			淄博	-0.017	-0.115	
安庆	0.019	-0.053		池州	-0.018	-0.039	0.074
黄石	0.016	-0.046	-0.085	贵阳	-0.018	-0.159	-0.245
信阳	0.013			南平	-0.021	-0.060	-0.060
邢台	0.010	-0.008		宿迁	-0.023	-0.145	

注：表格中空白处为当年缺失相关的房价数据。

资料来源：作者测算。

附录 D 我国主要城市物质资本与人力资本

表 D1　**2013—2018 年我国主要城市物质资本存量**

年份 城市	2013	2014	2015	2016	2017	2018
重庆	319986879	380268139	452762398	532297207	599196676	662673795
天津	310983891	369229438	432783412	503236204	562925529	606084678
北京	306606564	335672334	366847790	399330402	429394683	447572794
上海	306521565	322195495	340264727	359999314	378139380	394337999
成都	201079475	225475846	250730165	283060069	314886302	350657217
武汉	173820342	203933590	236355965	261265792	286084276	310420186
青岛	152447393	177712443	207052049	240375052	269799047	297298338
郑州	127793322	152125163	182321148	215118318	245566959	275692531
广州	172903885	192305112	214043822	235795615	254859236	272892749
石家庄	138653883	161243110	188463772	213271249	237697210	260278277
杭州	147741722	169058516	193728899	218330924	238271156	258297125
南京	157199466	178008317	198119518	217500045	237720040	257098917
长沙	131581641	153149803	178247422	202835669	228063445	253669354
合肥	131119785	154932286	181558786	210629143	232708745	253168706
西安	137698400	161579353	178867735	194596433	222315175	248672918
福州	119668042	141979910	166349839	190980254	215846150	241124919
哈尔滨	129907787	146736640	165249922	185285930	204698481	218447426
长春	117269311	133711458	153675158	174622342	195958598	215946572
宁波	122992752	139785448	159566045	180947705	198576725	213813359
沈阳	201783261	229412068	246388510	234735213	222700632	210143485
大连	191575477	221784231	233892945	222039222	212423457	202330805
深圳	112005049	121252564	134212318	151627935	173371654	197927975
济南	92446791	104771899	119513796	136440472	152742187	168478937

续表

年份\城市	2013	2014	2015	2016	2017	2018
南宁	77870431	91794869	108182562	126097036	145091720	164362915
昆明	89885099	102856130	117381941	133413275	148605601	162439463
贵阳	67016275	77182713	90073173	106226148	122628438	139956108
吉林	73835526	83447316	94736373	107141682	111656080	115737097
厦门	57468572	63951589	72612236	82541462	92317481	101955003
东莞	58002875	62934599	67692878	72794362	77906103	82427117
太原	47628899	54856524	63490298	71295229	70682677	71422996
呼和浩特	46269455	53627587	59679339	66850122	70532511	70900703
兰州	38690298	43798116	52393497	61663721	64660713	68010188
乌鲁木齐	30262945	37457702	45361763	51907034	57223958	60767692
银川	30843144	37262990	44385743	52124711	57420739	59711341
西宁	21294964	26803397	32695483	38780299	45157390	51422281

注：城市物质资本存量单位为万元。

资料来源：作者测算。

表 D2　　　2013—2018 年我国主要城市人力资本存量

年份\城市	2013	2014	2015	2016	2017	2018
深圳	201927.14	231514.94	229655.5	220959.27	231695.34	214537.8
北京	163979.53	172177.34	182959.67	186493.91	204618.22	225806.2
上海	122323.2	147131.72	155761.83	143469.45	151821.77	161451.3
东莞	52721.555	49599.543	48659.527	47737.281	54774.281	60955.93
广州	46782.559	53261.305	47632.918	51647.508	50518.883	58329.09
杭州	23724.07	23632.182	21252.393	21519.867	21746.201	21406.72
厦门	8284.0264	8586.8145	8770.498	10654.045	11871.223	14498.3
南京	9371.998	5708.3223	7996.0557	7040.3994	7060.0605	8674.317
太原	5337.7026	6606.5288	5886.7583	4957.375	6414.0215	7643.837

续表

年份 城市	2013	2014	2015	2016	2017	2018
乌鲁木齐	8204.6602	6709.2139	5642.3433	4969.7002	4549.5098	5188.71
西安	3363.874	4118.4141	5027.228	5117.7686	4914.854	4422.38
成都	3390.4795	2792.2151	4814.5542	3988.2981	3740.3757	3287.103
重庆	5261.3188	5095.4546	4101.0918	2709.2883	2030.7756	2005.823
宁波	5321.0942	4935.4209	3583.0288	2131.9553	2466.2305	2264.193
济南	4418.4248	3397.938	3351.8977	3163.5928	2578.6206	2147.46
天津	6005.1602	3523.0803	1897.7051	1374.1625	838.89026	1150.255
贵阳	2373.2454	2743.1846	2260.3267	2124.6633	1876.4998	1616.165
昆明	2936.8162	1193.5944	2062.1162	1991.6646	1963.9077	1763.737
福州	2216.5361	1769.8403	1659.8656	1377.9346	1132.5928	1922.45
武汉	1742.2311	1655.7589	1502.3258	1506.6094	1666.891	1399.097
兰州	1049.3318	1421.1073	1109.8428	1529.501	1243.2198	2114.326
郑州	1546.6176	1299.8508	1388.4773	1438.2683	1705.9113	1052.377
合肥	2351.2783	1090.8833	922.13177	787.4989	828.75806	2325.947
南昌	1579.2903	1274.0164	1184.7469	1102.3788	775.48627	812.9191
长春	1217.7202	1086.5422	962.93536	773.07019	636.52167	411.319
青岛	1207.9652	1034.0033	868.95587	547.97839	442.86774	429.0098
南宁	236.80197	1079.3041	411.54272	734.67407	685.14191	937.0568
哈尔滨	733.10931	681.84467	561.28363	398.35898	347.93573	239.9695
长沙	885.71155	735.72119	511.56381	316.46027	265.43347	214.0412
西宁	574.71155	346.4577	225.85947	175.55147	293.77115	300.839
石家庄	19.767473	29.943134	32.434162	20.651165	18.078033	38.44715
呼和浩特	133.45306	72.092415	40.126331	27.188705	36.249893	109.5188
银川	247.40846	407.62418	292.00195	161.65305	176.66074	308.4818
大连	304.67645	125.68613	101.16582	142.74614	129.79227	223.523
沈阳	326.6181	281.58984	239.17744	370.47437	428.3837	549.4742

资料来源：作者测算。

附录 E 实证分析结果补充

表 E1　人均人力资本对地区发展差距影响的区域异质性

	城市间差距			城市内部差距		
	东部	中部	西部	东部	中部	西部
人均人力资本	0.001	0.040***	0.015	-0.015	-0.015**	-0.030**
	(0.013)	(0.015)	(0.012)	(0.013)	(0.007)	(0.012)
人均物质资本	0.108*	0.236***	0.083	-0.064**	-0.055	-0.132*
	(0.060)	(0.087)	(0.066)	(0.027)	(0.057)	(0.074)
固定资产投资	0.095***	0.151**	0.051**	-0.002	-0.040	-0.079**
	(0.035)	(0.062)	(0.023)	(0.025)	(0.036)	(0.036)
经济开放度	0.002	0.003	0.014***	0.000	-0.006	-0.009**
	(0.008)	(0.010)	(0.004)	(0.007)	(0.007)	(0.004)
财政分权	0.048	0.147***	-0.037	0.012**	0.020	-0.039**
	(0.048)	(0.035)	(0.024)	(0.005)	(0.019)	(0.016)
科教支出	-0.116**	-0.162***	0.023	-0.006	0.005	0.022
	(0.047)	(0.029)	(0.026)	(0.020)	(0.010)	(0.020)
城市化水平	0.230	-0.091	0.200	-0.141	0.069	0.052
	(0.171)	(0.170)	(0.174)	(0.141)	(0.096)	(0.152)
常数项	2.750***	3.613***	4.122***	2.264***	2.945***	4.823***
	(0.070)	(0.095)	(0.076)	(0.544)	(0.615)	(1.188)
城市固定效应	是	是	是	是	是	是
时间固定效应	是	是	是	是	是	是
观测值	588	554	476	588	554	475
R-squared	0.780	0.857	0.835	0.530	0.725	0.438

注：*、**、***分别表示10%、5%和1%的显著性水平。

表 E2　沿海与内陆地区人均人力资本对地区发展差距影响的异质性

	城市间差距		城市内部差距	
	沿海	内陆	沿海	内陆
人均人力资本	-0.018	0.033***	0.003	-0.021***
	(0.012)	(0.010)	(0.010)	(0.008)
人均物质资本	0.051	0.218***	-0.038*	-0.110**
	(0.035)	(0.054)	(0.020)	(0.046)
固定资产投资	0.000	0.010	-0.030	-0.023**
	(0.016)	(0.010)	(0.019)	(0.010)
经济开放度	-0.012	0.009***	-0.003	-0.006**
	(0.008)	(0.003)	(0.003)	(0.003)
财政分权	-0.006	0.057*	0.011**	-0.010
	(0.028)	(0.032)	(0.005)	(0.009)
科教支出	-0.086**	-0.090***	0.003	0.013
	(0.034)	(0.034)	(0.025)	(0.009)
城市化水平	0.323**	0.084	0.093	0.119
	(0.134)	(0.102)	(0.119)	(0.101)
常数项	2.733***	3.931***	2.010***	3.458***
	(0.055)	(0.040)	(0.387)	(0.656)
城市固定效应	是	是	是	是
时间固定效应	是	是	是	是
观测值	357	1499	357	1497
R-squared	0.759	0.786	0.454	0.474

注：*、**、***分别表示10%、5%和1%的显著性水平。

表 E3　城市发达程度差异下人均人力资本对地区发展差距影响的异质性

	城市间差距		城市内部差距	
	低发达度	高发达度	低发达度	高发达度
人均人力资本	0.033***	-0.004	-0.017*	-0.015
	(0.012)	(0.009)	(0.009)	(0.009)

续表

	城市间差距		城市内部差距	
	低发达度	高发达度	低发达度	高发达度
人均物质资本	0.106 (0.073)	0.090** (0.040)	-0.123 (0.078)	-0.075** (0.030)
固定资产投资	0.026** (0.012)	0.005 (0.009)	-0.025* (0.013)	-0.024** (0.010)
经济开放度	0.013*** (0.003)	0.002 (0.005)	-0.005 (0.003)	-0.009 (0.006)
财政分权	0.034 (0.029)	-0.015 (0.022)	0.021 (0.018)	0.001 (0.007)
科教支出	-0.045 (0.035)	-0.042 (0.026)	0.004 (0.012)	-0.012 (0.014)
城市化水平	0.171 (0.142)	0.139 (0.135)	0.238 (0.155)	0.011 (0.119)
常数项	4.363*** (0.059)	3.023*** (0.038)	3.782*** (1.020)	3.002*** (0.527)
城市固定效应	是	是	是	是
时间固定效应	是	是	是	是
观测值	875	981	874	980
R-squared	0.823	0.774	0.557	0.396

注：*、**、***分别表示10%、5%和1%的显著性水平。

后　记

本书在博士学位论文基础上修改完成。

2014年夏，我以"游客学子"身份首次踏进南开大学，此刻依旧记得当时马蹄湖盛开的荷花亭亭玉立，微风袭来沁人心脾。带着初次相遇的美好，内心开始萌生无限的期许，期许能有机会在这所美丽校园学习生活，习得巍巍南开精神。2017年成功考取南开博士，美好期待终成真，四年博士生涯有初来时的激动与兴奋，有为完成学业的刻苦与努力，有见证百年校庆的喜悦与庆幸，有小论文与博士学位论文写作的艰辛与坚持，也有即将别离时的留恋与不舍。南开伴我走完了二十多年学子生涯的最后一站，其间得幸有诸多师友的帮助与陪伴。

首先，感谢我的导师李兰冰教授。感恩您的悉心引导，为我读博期间的科研学习指明了前进方向。在毕业论文的选题出现迷茫的时候，是您及时指点迷津，让我得以从固有研究思维中跳离出来，找到论文城市生活质量的研究视角。毕业论文从选题、开题、初稿、预答辩到成稿外审每一步的顺利推进都离不开您的辛勤指导。此外，您高标准的学术要求、严谨求实的工作态度、出色的工作协调能力以及高水平的审美等优点值得我一生去努力学习。非常荣幸成为您的第一届博士生，今后的学术道路上将始终以您为学习榜样。

其次，感谢开题与预答辩过程中各位老师提出的宝贵意见，这些建设性意见对论文的顺利完成至关重要。感谢刘秉镰院长"做人、做事、做学问"的谆谆教诲，感谢黄玖立老师对我小论文写作的全程指导，感谢经济与社会发展研究院各位老师为我博士学习提供的帮助，以及感谢经发院为每一位博士提供的"舒适雅致"的办公位，独立的办公环境为我博士学位论文的顺利完成提供了良好的基础保障。感谢参加论文评审、答辩的各位老师为论文改进提出的建设性意见，这些意见为论文的进一步完善及后续的深化研究提供了很好的指导。

再次，感谢同师门的兄弟姐妹。感谢同届的姚彦青博士，她作为大师姐的担当与领导力是我今后学习的榜样；感谢阎丽师妹在小论文写作中提供的实证指导；感谢商圆月、李焕杰、路少朋、刘瑞、薛泽帅、魏巍、杨硕、陈建垒、李鲁等师弟师妹的无私帮助。感谢好朋友王晓林同学在毕业相关手续流程中提供的协助。还有诸多同学在学习生活中提供的陪伴与帮助，在此一并谢过，愿我们彼此同学友谊长存。

最后，特别感谢我的硕导张华明教授，您既是我科研生涯的启蒙老师，又是我亦师亦友的学习榜样。感恩您对我无私的关心与帮助，未来职业生涯期待跟您一起有所成就，不负您的培育。

感谢家人默默地支持与陪伴，感念自己保有的那一份坚持。

张聪聪
二〇二一年六月